ORACIONES PARA ENCONTRAR PAZ

ORACIONES PARA ENCONTRAR PAZ

Evaristo Sada, L.C.

Sada Derby, Evaristo
Oraciones para encontrar paz / Evaristo Sada Derby – México:
Universidad Anáhuac México Norte, 2016.
160 pp.; 12.5 x 19 cm.
ISBN: 978-607-7652-73-1
Rústica

1. Oraciones. 2. Iglesia Católica—Oraciones y devociones.

Dewey: 249   LC: BX2142

Diseño de portada: Francisco Ortiz. Cuartel creativo
Derechos reservados: Evaristo Sada Derby

Primera edición, 2016
ISBN: 978-607-7652-73-1

La presente edición de la obra

Oraciones para encontrar paz

Derechos reservados para esta edición:
© 2016, Investigaciones y Estudios Superiores SC
Universidad Anáhuac México Norte
Av. Lomas Anáhuac 46, Col. Lomas Anáhuac
Huixquilucan, Estado de México, C.P. 52786

Miembro de la Cámara Nacional de la Industria Editorial Mexicana.
Registro núm. 3407

Impreso en México

Puede adquirir este libro en: www.elarca.com.mx

ÍNDICE

PRESENTACIÓN

La oración es esencial en la vida cristiana, pues solo ella permite una transformación progresiva del corazón humano que lo hace crecer en la fe y la esperanza, que lo purifica del mal hasta hacer que esté totalmente abrasado por el amor de Dios. Es por eso que el Señor nos invita tanto a la oración en la Escritura: *¡Oren sin cesar!* (*Lc* 18,1) *¡Velen y oren!* (*Lc* 21, 36) *¡Vivan en oración!* (*Ef* 6, 18).

Yo pienso que uno de los frutos más preciosos de la fidelidad a la oración es la paz interior, aquella que solo Dios puede comunicarnos, pues es el Dios de la paz, como lo dice muchas veces San Pablo. En un mundo lleno de inquietud, de conflictos, de tensiones, de inestabilidad, hay una urgencia por descubrir que el encuentro con Dios en la oración es el fundamento y la fuente de la paz a la que nuestro corazón aspira: *"Mi paz les dejo, mi paz les doy; no se las doy como el mundo la da. Que su corazón no se turbe ni se acobarde."* (*Jn* 14, 27).

Hoy más que nunca el corazón humano solo podrá encontrar la verdadera paz en la oración, en la experiencia de la bondad y fidelidad de Dios, única roca de nuestra existencia. Ésta sana nuestros trastornos, nuestras agitaciones, nuestros miedos. *"La oración nos regala, cada día, una paz toda nueva"* dice un monje egipcio, de la iglesia copta, que murió hace algunos años. Aunque nuestra oración sea a veces bien pobre e imperfecta, desde el momento en el que es vivida con fidelidad y buena voluntad no dejará de establecer más y más profundamente en nuestros corazones la paz de Cristo. Habitados por esta paz podremos convertirnos en obreros fecundos para el Reino de Dios.

La tradición de la Iglesia Católica nos ha dejado un tesoro de oraciones que en ocasiones usamos de manera un poco superficial y formal. Rezamos con los labios, ¡pero el corazón permanece lejos de Dios!

En este libro el padre Evaristo nos ayuda a redescubrir la belleza y la profundidad de estas oraciones básicas y su capacidad de nutrir la relación viva con Dios. Lo recomiendo a todas las personas que quieran rezar de manera sencilla y profunda a la vez.

Padre Jacques Philippe

Introducción

En mi libro: *¿Cómo orar?* me propuse ofrecer una guía sencilla para despertar el corazón profundo y allí conectar con Dios. La oración brota de una búsqueda, de un impulso interior, pero la práctica cotidiana de la vida de oración nos dice que no siempre es así, más aún, la mayoría de las veces no es así. Como sucede en la vida conyugal y familiar, los actos de amor y servicio no son siempre fruto de un impulso espontáneo del corazón, sino expresión de una fidelidad sostenida. Es preciso querer amar. Lo mismo pasa en nuestra relación con Dios: es preciso querer orar, querer escuchar, querer agradecer, querer obedecer, querer servir, querer corresponder a su amor.

En este libro, que considero una continuación a *¿Cómo orar?*, quisiera ofrecer a los lectores, especialmente laicos, un camino para encontrar la paz interior ejercitándose en el amor a Dios a través de la oración en determinadas horas del día: al levantarse, al salir de casa, antes de iniciar el trabajo, a mitad de la jornada, en la tarde, antes de acostarse. Pretendo ofrecer una ayuda sencilla para comprender el sentido de las oraciones básicas del cristiano, poner las actitudes adecuadas y así comunicarnos mejor con Dios. Con la ayuda de Su gracia esto nos ayudará a mantener fresca su memoria a lo largo del día y encontrar paz.

Muchos no recordamos cuándo ni dónde aprendimos las oraciones del Padre nuestro, el avemaría, el gloria, la señal de la cruz… sabemos que las rezábamos en nuestra infancia, en casa, en la parroquia o en el colegio. Estas oraciones nos han acompañado a lo largo de nuestra vida, las hemos rezado con nuestros seres queridos, en los momentos felices, en los momentos difíciles. Son oraciones que acuden a nuestra mente cuando somos conscientes de que necesitamos hablar con Dios, pero no sabemos qué decirle, no sabemos cómo pedirle lo que necesitamos, qué hacer para que nos escuche. Las plegarias aprendidas resultan el primer recurso, el inmediato, el más fácil, el seguro. Y posiblemente pocas veces nos hemos detenido a conocer su origen, a contemplar las imágenes que estas oraciones contienen, a reflexionar en sus contenidos, pensar lo que decimos y poner amor en todo lo que hacemos. A veces, tal vez, hayamos incluso olvidado a Quién se lo decimos.

LAS ORACIONES

Conversando con un hombre de negocios sobre la oración, me dijo que para él oración era sinónimo de rezos. Rezar un Padre nuestro o un avemaría era para él la única forma de rezar. No sabía, no se le ocurría qué otra cosa podría hacer ni cómo hacerlo mejor. Se sentía bien cuando rezaba sus oraciones, sentía que le cumplía a Dios, pero en el fondo sabía que algo faltaba en su comunicación con Él. Por vergüenza, nunca se había atrevido a preguntar.

Aquel día me detuve con él y le expliqué cómo hacer bien la señal de la cruz y cómo rezar con pleno sentido el Padre nuestro y el avemaría. Al poco tiempo me llamó para darme las gracias porque su comunicación con Dios había mejorado significativamente. No es que hubiera aumentado o cambiado sus oraciones, simplemente había aprendido a darles sentido y hacerlas desde lo más profundo de su corazón. Sus palabras fueron: «Ahora sí hablo con Dios».

Así como a este hombre, me he encontrado a lo largo de mi camino con personas que se han dado por vencidas en el tema de la oración. No les preocupa ni piensan en su comunicación con Dios. Esto se lo atribuyo a la simple razón de que no saben rezar o se encuentran atorados en algunos de estos errores que suelen darse con frecuencia:

- LA MENTALIDAD MÁGICA: Creer que pronunciar las fórmulas produce un resultado automático (como un talismán). Por desgracia, las fórmulas no funcionan solas.

- EL FORMALISMO: Creer que por cumplir con una práctica de piedad ya se hace oración. La atención se centra en la forma, en «hacerlo correctamente»; se da más importancia a la letra que se pronuncia que al espíritu con que se reza.

- LA RUTINA: A base de repetir una oración que uno se ha propuesto hacer todos los días, se puede caer en el escollo de hacerla inconscientemente y sin darle ningún sentido.

Con frecuencia me piden «oraciones poderosas»: oraciones para encontrar trabajo, para tener hijos, para pasar los exámenes… Pero ¿hay oraciones más poderosas que otras? ¿Dónde reside el poder de una oración? ¿Tiene poder una oración aunque se rece distraído? ¿Cómo se sabe si se reza «correctamente»?

Hay fórmulas que a lo largo de los siglos han resultado especialmente «poderosas» para muchos: el Padre nuestro, el avemaría, el Rosario, la oración del nombre de Jesús, el canto de los salmos, etc.

Lo que da valor a una oración es la fe con que se pronuncia. Con palabras o sin palabras, usando fórmulas tradicionales o improvisando las oraciones personales. Lo importante no son las palabras sino el espíritu con que se pronuncian. Ahí tenemos el ejemplo de la oración de la cananea, cuando Jesús le dijo: «Mujer, grande es tu fe; que te suceda como deseas. Y desde aquel momento quedó curada su hija» (*Mt* 15, 28). El poder de su oración estuvo en la fe.

«Lo más importante es la presencia del corazón ante Aquel a quien hablamos en la oración»[1]. Jesucristo nos advirtió: «Al orar no empleéis muchas palabras, como los gentiles, que se figuran que por su locuacidad van a ser escuchados» (*cfr. Mt* 6, 7-15). Una oración vocal debe brotar del corazón y ser pronunciada ante Dios con fe y atención para que pueda llamarse oración y para que sea poderosa. El poder de la oración no está en pronunciar determinadas palabras con los labios, sino en hacerlo con plena conciencia y dirigiéndose con fe a Dios Nuestro Señor. La fuerza de una oración viene no del exterior (las palabras), sino del interior (del corazón). El detonador está por dentro. Lo esencial es la elevación espiritual del corazón humilde a Dios.

Una sola palabra, un recuerdo de Jesús o una simple mirada llena de fe con un sincero sentimiento de adoración vale más que centenares de oraciones repetidas sin sentido. San Pablo decía: «Prefiero decir cinco palabras con mi mente que

---

[1]   *CCE,* 2700.

mil en lengua desconocida» (1 *Co* 14,19). Y una sola oración vocal dicha con todo el corazón y con profunda fe vale más que centenares de oraciones espontáneas vacías de fe y amor.

La oración es como la respiración del espíritu. Las plegarias, rezos u oraciones vocales son una expresión de esa respiración profunda del alma. «Por medio de palabras, mentales o vocales, nuestra oración toma cuerpo»[2]. El amor puede ser silencioso pero no mudo. Tiene necesidad de expresarse, si no por él mismo, sí por la persona amada. Normalmente las oraciones vocales tienen una gran riqueza doctrinal y una fuerte carga afectiva. Nos enseñan a dirigirnos a Dios, nos ayudan a poner palabras a lo que llevamos dentro, a pedir lo que nos conviene, sirven de vehículo para establecer contacto con Dios.

También Jesús expresaba en palabras extraídas de los Salmos su oración personal: «Yo te bendigo, Padre, Señor del cielo y de la tierra, porque has ocultado estas cosas a sabios e inteligentes, y se las has revelado a pequeños. Sí, Padre, pues tal ha sido tu beneplácito» (*Mt* 11, 25-26). «Abba —Padre— todo te es posible: aleja de mí este cáliz, pero que no se haga mi voluntad, sino la tuya» (*Mc* 14, 36).

Arriba mencioné el escollo de la rutina. Cuando rezo al comenzar el día, al salir de casa o al

---

[2] *CCE,* 2700.

comenzar una conferencia, a veces lo hago de modo rutinario, inconsciente. Rezo y ni me entero de lo que hice.

Me contaron la historia de un sacerdote, que al llegar a su lugar en la capilla, siempre saludaba a Cristo Eucaristía con una genuflexión. Cuando tuvieron que limpiar el piso de la capilla llevaron las bancas a un salón de clases. Este sacerdote entró al salón de clases para escuchar una conferencia y, al llegar a su lugar, hizo una genuflexión. Le hicieron ver que no estaba en la capilla sino en un salón de clases y que allí no estaba la Eucaristía. Había caído en la rutina.

Para superar la rutina a mí me ayuda:

1. Antes de iniciar una oración, tomar conciencia de lo que voy a hacer y ante quién estoy. Basta cerrar los ojos por tres segundos.

2. Rezar lentamente, con pausa, con fervor: «Que nuestra oración se oiga no depende de la cantidad de palabras, sino del fervor de nuestras almas»[3]. Cuando estás solo, prueba a decirlas en voz alta para escucharlas.

3. Meditar en su contenido: Cuando se saborea en la meditación cada una de las palabras y de las frases de las oraciones,

---

3   San Juan Crisóstomo, *Sermón sobre Ana*, 2, 2.

rumiándolas con calma en la presencia de Dios, se advierte que al volver a pronunciarlas cobran un mayor significado, salen de lo más profundo de la mente y del corazón; al poner más amor en lo que se dice a Jesucristo, las oraciones nos «dicen más».

4. Cuando me doy cuenta de que he pronunciado una oración sin darle sentido a las palabras, sin centrar la mente en lo que digo y sin hacerlo «con todo el corazón, con toda el alma y con todas mis fuerzas» (cf. *Mt* 22, 37 y *Mc* 12, 33), aplico un recurso que me ha servido mucho: detenerme y hacer la plegaria utilizando mis propias palabras, poniendo todo el corazón.

5. Practicar con frecuencia la oración de alabanza: la oración de alabanza se caracteriza por la espontaneidad. A David, la oración de alabanza «lo llevó a dejar toda compostura», como a Sara que después de haber dado a luz a Isaac dijo: «¡El Señor me ha hecho bailar de alegría!». Imaginemos a una anciana bailando de alegría para celebrar al Señor por el gran favor que le hizo.

Tanto los que rezan poco como los grandes contemplativos se valen de oraciones vocales. Son de gran provecho en la comunicación con Dios. El Espíritu Santo puede conducir al alma a adentrarse en el sentido y afecto propio de las mismas por varios caminos.

Algunas personas las pronuncian conscientemente con los labios o en silencio, dándole un sentido a las palabras mientras están en la presencia de Dios.

Otras las dicen interiormente, de modo que con o sin la fórmula se dirigen a Dios con las actitudes propias de la oración que recitan (actitud de criatura ante su Creador, de hijo ante su Padre, de pecador rescatado ante su Redentor, de bautizado ante el Espíritu Santo que habita en él, etc.). Más que las palabras, importa la intensidad y la profundidad del afecto.

Se da un paso adelante cuando la oración se convierte en una oración incesante, impregnando completamente toda la persona y toda la vida. Corre entonces por las venas el sentido de las oraciones. El hábito de la presencia de Dios llega a ser para estas personas como una segunda naturaleza. A ellas no solo les siguen ayudando las oraciones vocales sino que las disfrutan y las gustan con más provecho.

Vamos, pues, a recordar y comentar algunas de las oraciones básicas del cristiano con la esperanza de que esto ayude a rezarlas mejor y con más sentido de ahora en adelante.

LA SEÑAL DE LA CRUZ

La señal de la cruz es la oración básica del cristiano, lo primero que un niño o un converso aprende en la catequesis. En esta oración tan breve y tan simple, que para muchos hombres y mujeres profundamente contemplativos ha sido su oración preferida, se resume todo el credo y se revela la identidad del hombre, como hijo de Dios invitado a participar de la comunión trinitaria. Nos hace tanto bien recordar continuamente lo que somos.

¿QUÉ SIGNIFICA LA SEÑAL DE LA CRUZ?

La cruz es la señal de los cristianos: significa el triunfo de Jesús sobre el pecado. Es el símbolo de la redención que Jesucristo obtuvo para nosotros con su sangre. Su pasión de amor por el hombre le llevó a dar la vida para que tuviéramos vida en abundancia: «Nadie me la quita, soy yo quien la doy por mí mismo» (*Jn* 10,18). Como manso cordero llevado al matadero, Jesús soportó en la cruz al extremo el dolor físico y moral para abrirnos las puertas del cielo.

Cuando nos marcamos con la señal de la cruz estamos diciendo: yo soy seguidor de Jesucristo, creo en Él, le pertenezco. Así como los seguidores del Anticristo tendrán su marca (*cfr. Ap* 14, 9), así el bautizado lleva un sello indeleble en su alma y lo muestra exteriormente con la cruz.

Después de lo que vivió María en el Calvario, Ella será la mejor maestra para todo cristiano que quiera santiguarse con los cinco sentidos. A mí me ha ayudado contemplar la pasión de Cristo desde el corazón de la Virgen María, pidiéndole que al hacer la señal de la cruz tome Ella mi mano y me enseñe a revivir con ese gesto sencillo el momento supremo de nuestra redención.

Al hacer la señal de la cruz sobre nuestro cuerpo y decir «en el nombre del Padre y del Hijo y del Espíritu Santo. Amén» nos estamos comprometiendo a obrar en el nombre de Dios.

Desde la zarza, Dios reveló su nombre a Moisés. El nombre de Dios es: «Yo soy el que soy» (*Ex* 3, 13). Y le dijo: «Yo soy el Dios de tus padres» (*Ex* 3, 6), «Yo estaré contigo» (*Ex* 3, 12). De estas tres expresiones concluimos que Dios abarca nuestro pasado, nuestro presente y nuestro futuro. Quien actúa en el nombre de Dios está afirmando que tiene la certeza de que Dios lo conoce, lo acompaña, lo sostiene y permanecerá siempre a su lado.

Cuando en la oración pedimos algo en el nombre de Jesús, nos estamos uniendo a la oración de Cristo con la seguridad de que el Padre escucha a su Hijo. «Todo lo que pidiereis al Padre en mi nombre, lo haré, para que el Padre sea glorificado en el Hijo. Si algo pidiereis en mi nombre, yo lo haré» (*Jn* 14, 13-14). Y, si lo que pedimos es conforme a su voluntad, podemos confiar en que nuestra súplica será escuchada: «En esto está la confianza que tenemos en él: en que si le pedimos algo según su voluntad, nos escucha. Y si sabemos que nos escucha en lo que le pedimos, sabemos que tenemos conseguido lo que hayamos pedido» (1 *Jn* 5, 14-15). Y a veces nos concede no solo lo que le pedimos sino incluso lo que deseamos. Esta fue la experiencia de San Pedro aquella mañana en el lago tras una noche de pesca, cuando Jesús le mostró dónde encontrarlos. Pedro le dijo: «Maestro, hemos estado bregando toda la noche y no hemos pescado nada; pero, en tu Nombre, echaré las redes. Y, haciéndolo así, pescaron gran cantidad de peces, de modo que las redes amenazaban romperse» (*Lc* 5, 5-6).

¿PARA QUÉ HACER LA SEÑAL DE LA CRUZ?

La señal de la cruz nos ayuda a:

* Hacer un acto de oración, contemplando por unos segundos a Cristo Redentor, y así, avivar nuestra fe en Jesucristo, como quien alimenta la hoguera echando leña al fuego: «Mirarán al que traspasaron» (*Jn* 19, 37); «Cuando haya sido levantado de la tierra, atraeré a todos a mí» (*Jn* 12, 32).

* Recordar que Cristo murió por nosotros, hacer memoria del gran amor que Dios nos

ha tenido y que lo llevó al extremo con su muerte en la cruz (*Jn* 13, 1). «Pues la prueba de que Dios nos ama es que Cristo, siendo nosotros todavía pecadores, murió por nosotros» (*Rom* 5, 8); «Cristo nos amó y se entregó por nosotros» (*Ef* 5, 2); «Se rebajó a sí mismo haciéndose obediente hasta la muerte, y muerte de cruz» (*Fil* 2, 8).

- Hacer un acto de conversión interior y decirle a Jesús: soy tu discípulo, quiero vivir como a ti te agrada, quiero cargar con mi propia cruz: «Si alguno quiere venir en pos de mí, niéguese a sí mismo, cargue con su cruz y sígame» (*Mt* 16, 24).

- Dar testimonio de nuestra fe, declarar que somos cristianos, miembros de su Cuerpo Místico, seguidores del que dio su vida por nosotros en una cruz y resucitó de entre los muertos. «En cuanto a mí, no quiero sentirme orgulloso más que de la cruz de Cristo Jesús, nuestro Señor. Por él el mundo ha sido crucificado para mí, y yo para el mundo» (*Gál* 6, 14).

- Predicar que Cristo es Salvador y que hay que morir para tener vida.

- Alabar al Hijo de Dios: «Para que al nombre de Jesús toda rodilla se doble en los cielos, en la tierra y en los abismos, y toda lengua confiese que Cristo Jesús es Señor para gloria de Dios Padre» (*Fil* 2, 11).

- Pedir la protección de Cristo en medio de las tentaciones, los retos, los peligros, las dificultades y las asechanzas del demonio. Jesucristo venció el pecado con su muerte en la cruz.

- Tomar fuerza: «Fijaos en aquel que soportó tal contradicción de parte de los pecadores, para que no desfallezcáis faltos de ánimo» (*Heb* 12, 2-3). «Poned los ojos en el Crucificado y se os hará todo poco».[1]

- Ofrecer a Dios nuestro ser, nuestras pertenencias y nuestras actividades, como Cristo ofreció su vida al Padre por nuestra salvación. Hacer la señal de la cruz es decirle: Jesús, quiero hacer esto contigo y por amor a ti.

- Ofrecer nuestros sufrimientos y renuncias a Jesucristo, abrazar nuestra cruz con amor: «El que no toma su cruz y me sigue no es digno de mí» (*Mt* 10, 38); «La cruz abrazada es la menos pesada».[2]

- Agradecer las bendiciones de Dios y las abundantes y continuas muestras de su amor.

---

[1] SANTA TERESA DE JESÚS, *El Castillo interior,* séptimas moradas, IV, 8.
[2] Atribuida a Santa Teresa de Jesús.

- Celebrar la victoria del perdón y la misericordia, como quien alza un estandarte victorioso: «Y como Moisés levantó la serpiente en el desierto, así tiene que ser levantado el Hijo del hombre, para que todo el que crea tenga por él vida eterna» (*Jn* 3, 14-15).

- Bendecir: cuando hacemos sobre otro la señal de la cruz le estamos diciendo: que Dios Padre Creador esté contigo, que Dios Hijo Redentor te salve, que Dios Espíritu Santo Consolador te santifique.

¿CUÁNDO HACER LA SEÑAL DE LA CRUZ?

Tertuliano (ca. 160 a 220 d.C.) escribió:

> En todos nuestros viajes y movimientos, en todas nuestras salidas y llegadas, al ponernos nuestros zapatos, al tomar un baño, en la mesa, al prender nuestras velas, al acostarnos, al sentarnos. En cualquiera de las tareas en que nos ocupemos, marcamos nuestras frentes con el signo de la cruz.[3]

Cualquier momento es buen momento para hacer la señal de la cruz.

Los sacramentos y los actos de oración comienzan y terminan con la señal de la cruz. Por eso es buena costumbre persignarse antes de escuchar la Sagrada Escritura. Ya lo que hace-

---

[3] *De la corona del soldado*, 3.

mos durante la liturgia de la santa misa, antes de la proclamación del Evangelio, cuando mientras trazamos la señal de la cruz sobre nuestra frente, labios y pecho, y repetimos en silencio dentro de nuestro corazón: «Por la señal de la santa cruz, de nuestros enemigos, líbranos Señor, Dios nuestro».

Podemos hacer la señal de la cruz:

* Al ofrecer el día por las mañanas o para poner en Sus manos cualquier actividad: una reunión, un proyecto, un partido, etc.

* Al agradecer a Dios un beneficio, la jornada que comienza, los alimentos, la primera venta del día, el salario, la cosecha, la conquista de la cumbre, una entrevista exitosa, un examen con buenos resultados, un diagnóstico favorable…

* Al encomendarse y ponerse en manos de Dios: cuando se emprende un viaje, incluso cuando se comienza un juego de fútbol o un baño en el mar, cuando se recibe una noticia difícil de digerir, antes de una ardua empresa, de una cita importante, de entrar a una cirugía o de pronunciar unas palabras en público.

* Al bendecir a Dios y reconocer su presencia en un templo, en un acontecimiento trascendente, en una persona o un hermoso espectáculo de la naturaleza.

- Al pedir la protección de la Trinidad ante el peligro, las tentaciones y las dificultades.

- Hacer así la señal de la cruz es fuente de paz, porque te es vehículo para estar con Dios y Dios es la fuente de paz.

¿Cómo hacer la señal de la cruz?

La señal de la cruz se hace:

- Con plena conciencia: dándole todo el sentido que tiene. Como todo gesto religioso, debe hacerse con fe y convicción para que sea un acto de oración. Por ejemplo, el entrar en una iglesia y santiguarse con agua bendita puede ser ocasión para toda una renovación de las promesas bautismales.

- Con calma y reverencia, con sencillez, y a la vez con cierta solemnidad. Cuando no se hace así, es comprensible que nos resulte ridículo el garabato que algunas personas hacen con vergüenza.

- Puedes hacerla también con la intención de ganar indulgencia parcial. El Manual de Indulgencias de 1986 de la Penitenciaría Apostólica dice en el número 55: «Se concede indulgencia parcial al fiel cristiano que haga la señal de la cruz diciendo las palabras de costumbre: En el nombre del Padre y del Hijo y del Espíritu Santo. Amén».

Dependiendo del momento en que hagas la señal de la cruz, puedes darle un sentido especial a cada momento del gesto. Por ejemplo:

* Si es al inicio de la oración, al tocar la frente dile a Dios Padre: ocupa mis pensamientos, que más te conozca para que más te ame, muéstrame tu rostro. Al tocar el pecho mira a Cristo crucificado y dile: te amo con todo mi corazón, gracias por estar dentro de mí desde la última vez que comulgué, déjame recostarme en tu pecho como Juan en la Última Cena y tú recuéstate en el mío. Al tocar los hombros dile al Espíritu Santo: cúbreme con tu sombra, imprégname con tu gracia, abrázame, por la acción transformante de tu gracia quiero identificarme con Cristo.

* Si es para alabar o agradecer a Dios, puedes considerar especialmente a cada persona de la Trinidad: al tocar la frente, bendice y agradece a Dios Padre, Dios Creador, Dios Rico en Misericordia. Al tocar el pecho, bendice y agradece a Dios Hijo Redentor, que murió y resucitó para salvarnos, que hoy nos acompaña y nos alimenta en la Eucaristía. Y al tocar tus hombros bendice y agradece a Dios Espíritu Santificador, Consolador, Dulce Huésped del alma.

- Si es para pedir protección a la Santísima Trinidad, pídesela primero al Padre. Él es el mejor de los Padres que durante toda la historia de la salvación ha mostrado su fidelidad haciendo todo lo necesario para protegernos bajo su mirada misericordiosa. Pídesela al Hijo, el Buen Pastor, que con su propia sangre nos rescató de las manos del enemigo. Y al Espíritu Santo que nos guía por el buen camino, nos defiende con su gracia de las asechanzas del maligno y nos cura con su santa unción de todas nuestras heridas y enfermedades.

- Si es antes de leer la Sagrada Escritura o escuchar una predicación, puedes darle este significado: al tocar la frente pedirle a Dios que te conceda acoger y comprender su Palabra con la mente, al llevar la mano al pecho suplicarle que te permita conservarla en tu corazón, y al llevar la mano a los hombros hacer el propósito de ponerla en práctica a lo largo del camino de la vida.

- Si es para dar testimonio de tu fe o para bendecir a otro: traza la cruz sobre tu cuerpo con toda calma, como quien quiere dejar impresa la marca de su pertenencia a Cristo.

EL PADRE NUESTRO

Los discípulos veían rezar a Jesús, escuchaban las palabras con que se dirigía a Su Padre y el tono de voz con que lo hacía. Percibían el amor, la ternura, la confianza, la inmediatez, la reverencia, la sumisión filial con que le hablaba. Observaban sus gestos corporales y su mirada. Cautivados por esa forma de rezar, un día le dijeron: «Maestro, enséñanos a orar» (*Lc* 11, 1).

En Cristo tenemos nuestro modelo de oración. Con el «Padre nuestro» Jesús nos enseñó lo que debemos desear y pedir, y el orden en que conviene hacerlo, pero sobre todo nos enseñó la actitud y la carga *afectiva* con que debemos dirigirnos a Dios como Padre. Rezará bien el Padre nuestro quien se acerque a Él como hijo y establezca con el Padre una relación de amor filial.

Es una buena práctica rezar el Padre nuestro varias veces al día y rezarlo bien, como Cristo y con Cristo, a ejemplo de las primeras comunidades que rezaban el Padre nuestro tres veces al día.[1]

Padre

Cristo nos reveló la verdad más bella que podemos imaginar: que Dios es el Padre y que nosotros

---

[1] *Cfr. Didaché*, 8, 3.

somos sus hijos. Al decirle Padre a Dios, estamos avivando cuatro certezas:

* La certeza de que Dios nos ama y no podemos dudar de su amor.

* La certeza de que estamos siempre acompañados, nunca estamos solos.

* La certeza de que necesitamos a Dios y no podemos prescindir de Él.

* La certeza de que Dios está por encima de todo y no podemos anteponer nada a su amor.

La verdad de Dios que Jesucristo nos ha revelado es que Dios es un Padre generoso, bondadoso, rico en misericordia, paciente, compasivo, interesado en el bien de cada uno de sus hijos.

Dios es amor, es un Padre amoroso que me crea por amor y que quiere compartir su vida conmigo en un clima de intimidad familiar. Cuando rezo, es a ese Dios al que tengo delante. No es lo mismo tener una cita con una persona déspota, autoritaria, humillante, hiriente, impaciente, ofensiva... que estar con Alguien que es todo amor, bondad, ternura y compasión. «Es necesario contemplar continuamente la belleza del Padre e impregnar de ella nuestra alma».[2]

---

[2]   SAN GREGORIO DE NISA, *Homilías sobre la oración dominical*, 2.

En este sentido, el Papa Benedicto XVI afronta con mucho realismo que nuestro concepto y experiencia de la paternidad terrena podría viciar nuestra relación con Dios Padre y requiere una purificación del corazón:

Tal vez el hombre moderno no percibe la belleza, la grandeza y el profundo consuelo contenidos en la palabra "padre" con la que podemos dirigirnos a Dios en la oración, porque la figura paterna a menudo hoy no está suficientemente presente, y a menudo no es suficientemente positiva en la vida diaria. La ausencia del padre, el problema de un padre no presente en la vida del niño es un gran problema de nuestro tiempo, por lo que se hace difícil entender en profundidad qué significa que Dios sea Padre para nosotros. De Jesús mismo, por su relación filial con Dios, podemos aprender lo que significa exactamente "padre", cuál es la verdadera naturaleza del Padre que está en los cielos.[3]

Cristo nos revela no solo que Dios es Padre sino que somos sus hijos. Por el bautismo hemos sido incorporados y adoptados como hijos de Dios. «El hombre nuevo, que ha renacido y vuelto a su Dios por la gracia, dice primero: ¡Padre!, porque ha sido hecho hijo».[4]

---

[3] BENEDICTO XVI, 23 de mayo de 2012.
[4] SAN CIPRIANO DE CARTAGO, *Sobre la oración dominical*, 9.

Dios espera que con Él seamos como niños (*cfr. Mt* 18, 3) y nos asegura que se revela a «los pequeños» (*cfr. Mt* 11, 25). Es normal que surja la pregunta: ¿y podemos hacerlo?

Claro que podemos dirigirnos a Dios como Padre, porque el Padre «ha enviado a nuestros corazones el Espíritu de su Hijo que clama: "¡Abbá, Padre!"» (*Gal* 4, 6). El Espíritu Santo nos enseña a hablar con Dios Padre, más aún, lo hace Él mismo desde dentro de nosotros. Y nos enseña a hacerlo con términos de ternura filial: Abbá, Padre querido.

Debemos pedir al Espíritu Santo que nos conceda el don de piedad, en virtud del cual suscita en nosotros un profundo sentimiento de ternura, cariño y afecto filial cuando nos dirigimos a Dios. Que nos conceda experimentar la paternidad de Dios, sintiendo lo que siente el niño pequeño mientras descansa en el regazo de su madre. El don de piedad nos permitirá experimentar la bondad protectora de Dios, su infinita ternura y dulzura paternales; nos llenará de confianza y nuestro corazón querrá corresponder con las cualidades del amor filial.

Santa Teresita nos propone el fecundo camino de la infancia espiritual que consiste en «reconocer su nada, esperarlo todo del buen Dios, como un niño pequeño lo espera todo de su padre»[5]. El Papa Benedicto XV, en el discurso pronunciado

---

[5] *Últimas conversaciones,* 7 de agosto de 1897.

después de la lectura del Decreto sobre la heroicidad de las virtudes de Sor Teresa del Niño Jesús explicaba que:

> La infancia espiritual excluye de hecho el sentimiento soberbio de sí mismo, la presunción de conseguir, por medios humanos, un fin sobrenatural y la engañosa pretensión de bastarse a sí mismo en la hora del peligro y de la tentación. Por otra parte, supone una fe viva en la existencia de Dios, un práctico homenaje a su poder y a su misericordia, un confiado recurso en la providencia de Aquel que nos da la gracia, para evitar todos los males y obtener todos los bienes.[6]

Es muy bello tener un Padre Misericordioso en el cielo, pero también «es necesario acordarnos, cuando llamemos a Dios "Padre nuestro", de que debemos comportarnos como hijos de Dios».[7]

Al dirigirnos al Padre hemos de hacerlo con actitud de bendición y alabanza. Antes de dirigirnos a Dios para pedirle, hemos de alabarlo simplemente porque merece ser alabado. Es lo que corresponde a una criatura en relación con su Creador. Al iniciar el Padre nuestro lo primero que hacemos es dar gracias a Dios «por habernos revelado su Nombre, por habernos concedido creer en Él y por haber sido habitados por su presencia».[8]

---

[6] 14 de agosto de 1921.
[7] San Cipriano de Cartago, *De la oración dominical*, 11.
[8] *CCE,* 2781.

Conscientes de nuestra pequeñez y miseria, requerimos audacia para dirigirnos a Dios Todopoderoso. La audacia humilde del hijo, que reconoce su indigencia y se dirige a su padre con plena confianza y con la certeza de saberse amado y protegido.

La conciencia que tenemos de nuestra condición de esclavos nos haría meternos bajo tierra, nuestra condición terrena se desharía en polvo, si la autoridad de nuestro mismo Padre y el Espíritu de su Hijo, no nos empujasen a proferir este grito: "Abbá, Padre" (*Rm* 8, 15) ¿Cuándo la debilidad de un mortal se atrevería a llamar a Dios Padre suyo, sino solamente cuando lo íntimo del hombre está animado por el Poder de lo alto?[9]

La audacia humilde y confiada en nuestras relaciones con Dios va creciendo a medida que rezamos el Padre nuestro con mayor fe.

Padre nuestro: este nombre suscita en nosotros todo a la vez, el amor, el gusto en la oración y también la esperanza de obtener lo que vamos a pedir ¿Qué puede Él, en efecto, negar a la oración de sus hijos, cuando ya previamente les ha permitido ser sus hijos?[10]

Recomiendo meditar con frecuencia en la paternidad de Dios y contemplarlo como Padre. Un

---

[9]   San Pedro Crisólogo, *Sermón 71*, 3.
[10] San Agustín, *Sobre el sermón del Señor en el monte*, 2, 4, 16.

modo de hacerlo consiste en quedarse repitiendo con tranquilidad y por largo tiempo la palabra «Padre» hasta sentirse invadido por un fuerte sentimiento de su paternidad y de nuestra condición de hijos, con actitudes de confianza y abandono filial. Una vez alcanzado ese clima interior, dejar de decir la palabra y quedarse gustando interiormente el don de Su Paternidad.

Nuestro

Jesús nos enseñó a decir «Padre nuestro», esto es, rezar acompañados, junto a Cristo, que no se avergüenza de llamarnos hermanos (*cfr. Heb* 2, 11). En este momento del Padre nuestro tomamos conciencia de que no estamos solos frente a Dios, sino que estamos injertados en Cristo y junto a Cristo y a toda la comunidad eclesial rezamos como hermanos a nuestro Padre del cielo.

Recordamos cómo en los primeros momentos del pontificado del Papa Francisco, quiso que rezáramos todos juntos el Padre nuestro. El Papa nos invitó a dirigirnos todos al Padre, como una sola familia en Cristo, convocados y llamados por el Espíritu.

Cuando decimos «nuestro» estamos recordando a todos los seres humanos: nuestros familiares y amigos, los vecinos, los conocidos y los desconocidos, aquellos que nos han pedido sus oraciones, los que nos han ofendido, los que están en guerra, los políticos, las personas más olvidadas de la tierra, los niños no nacidos, los que han muerto y los que van a morir hoy… Todos los hijos de Dios.

> El Señor nos enseña a orar en común por todos nuestros hermanos. Porque Él no dice "Padre mío" que estás en el cielo, sino "Padre nuestro", a fin de que nuestra oración sea de una sola alma para todo el Cuerpo de la Iglesia.[11]

Debo recordarlos, orar junto con ellos e interceder por ellos con sentimientos de buen hermano que está dispuesto a practicar las obras de misericordia: dar de comer al hambriento, dar de beber al sediento, dar posada al necesitado, vestir al desnudo, visitar al enfermo, socorrer a los presos, enterrar a los muertos, enseñar al que no sabe, dar buen consejo al que lo necesita, corregir al que está en error, perdonar las injurias, consolar al triste, sufrir con paciencia los defectos de los demás, rogar a Dios por vivos y difuntos.

Podemos imaginar el madero horizontal de la cruz y en él a todos los seres humanos, pedir al Espíritu Santo que nos una en el Sagrado Corazón de Jesús al centro de la cruz y elevar la mirada por el madero vertical para suplicar a Cristo Cabeza que como una ofrenda presente nuestras oraciones al Padre.

---

[11] SAN JUAN CRISÓSTOMO, *Homilías sobre el evangelio de Mateo*, 19, 4.

Que estás en el cielo

Padre nuestro, que estás en el cielo... ¿Dónde está el cielo? ¿A qué cielo nos referimos?

Después de haber considerado la paternidad de Dios y nuestra condición de hijos, damos ahora un paso adelante. El número 2794 del Catecismo nos explica que el cielo que mencionamos en el Padre nuestro...

> no significa un lugar ["el espacio"] sino una manera de ser; no el alejamiento de Dios sino su majestad. Dios Padre no está "en esta o aquella parte", sino "por encima de todo" lo que, acerca de la santidad divina, puede el hombre concebir. Como es tres veces Santo, está totalmente cerca del corazón humilde y contrito.

No pretendo hacer un discurso teológico, sino solo sugerir las resonancias interiores que podrían suscitar en nuestra mente y en nuestro corazón las palabras «Padre nuestro, que estás en el cielo» de tal manera que al rezar la oración que el Señor nos enseñó lo hagamos con pleno sentido.

Al decir: «Padre nuestro que estás en el cielo» queremos: soñar con el cielo que nos espera; Dios es el cielo. Gustar su presencia y cercanía en la intimidad de nuestro corazón. Renovar nuestra decisión de seguir a Cristo, el Camino al cielo.

1. Cultivar el deseo del cielo; alimentar la nostalgia de eternidad

Cada vez que rezamos el Padre nuestro cultivamos ese deseo profundo del cielo, es decir, de volver al seno del Padre y permanecer allí junto a Él y en Él para siempre. Sueño mucho con el cielo, realmente lo deseo, y mucho. Es lo que más deseo: la posesión eterna de Dios en el cielo, la intimidad de vida con la Trinidad para siempre, sin posibilidad de perderla.

Por el pecado fuimos desterrados de la patria celestial (*cfr. Gn* 3, 17-24) y por eso Cristo bajó del cielo para llevarnos de nuevo con Él a la Casa del Padre. De allí venimos y allá queremos volver. Es allí donde Dios nos tiene preparada una morada (*Jn* 14, 2-3).

El cielo nos remite al misterio de la Alianza de Dios con los hombres, a su plan de amor para nosotros. En la tierra transcurre nuestra vida temporal, pero somos ciudadanos del cielo, somos de Dios y para Dios. Por eso hemos de «aspirar a las cosas de arriba, no a las de la tierra» (*Col* 3, 2).

2. Recordar que el cielo está dentro de nuestro corazón. Un llamado al recogimiento

«El "cielo" bien podría ser también aquellos que llevan la imagen del mundo celestial, y en los que Dios habita y se pasea».[12]

---

[12] San Cirilo de Jerusalén, *Catequesis mistagógicas*, 5, 11.

Dios no habita «allá arriba» sino «aquí adentro». «El santuario de Dios es sagrado, y vosotros sois ese santuario» (1 *Cor* 3, 17). Jesucristo dijo a la mujer samaritana: «el que beba del agua que yo le dé, no tendrá sed jamás, sino que el agua que yo le dé se convertirá en él en fuente de agua que brota para vida eterna» (*Jn* 4, 14). Es decir, el Reino de Dios está dentro de nosotros (*cfr. Lc* 17, 21).

Así, el recuerdo del cielo en el Padre nuestro es un reclamo a la interioridad, a recogernos en el silencio de nuestro corazón, en nuestro escondite interior (*cfr. Mt* 6, 6), para encontrar allí a Dios. No es necesario recurrir a representaciones celestes inalcanzables, lo tenemos no solo cerca, sino dentro. El Dios que está sobre todas las cosas, está dentro de todas las cosas y de manera muy especial, dentro del corazón humano. El cielo es la posesión de Dios y la comunión con Él, por eso la relación de amistad íntima con Dios en el propio corazón es una antesala del cielo.

Al pronunciar esas palabras, alegra y llena de esperanza recordar que Dios es cercano, como dijo San Agustín: «Más íntimo a mí que yo mismo»[13], y que «los ojos de Yahveh están sobre quienes le temen, sobre los que esperan en su amor, para librar su alma de la muerte, y sostener su vida en la penuria. Nuestra alma en Yahveh espera, él es nuestro socorro y nuestro escudo;

---

[13] *Confesiones,* cap. VI.

en él se alegra nuestro corazón, y en su santo nombre confiamos» (*Sal* 33,18-21).

3. Renovar nuestra vocación a la santidad buscando la propia santificación. Seguir e imitar a Cristo

Estamos ocupados en mil cosas del quehacer diario, 'estirados' por las relaciones sociales, las cosas materiales, los problemas de la vida, etc. El trajín nos absorbe. En medio de tanto ruido es bueno rezar el Padre nuestro, salir del círculo de nuestro egoísmo y entrar en la inmensidad y en la intimidad de Dios.

Cuando Yahveh dijo a Abram: «*Sal* de tu tierra, y de tu patria, y de la casa de tu padre, a la tierra que yo te mostraré» (*Gn* 12, 1) y cuando escuchamos a Jesús decirnos: «No me toquen, aún no he subido al Padre» (*cfr. Jn* 20,17), hemos de entender que esa tierra a donde debemos ir y ese lugar a donde hemos de subir con Cristo es el de la santidad de vida, la identificación con Él. Es un avanzar y un ascender en sentido místico.

Por la encarnación, el Verbo lleno de amor desciende y abraza nuestra humanidad para ofrecernos la redención, y con ella, abrirnos las puertas del cielo. Con su muerte y resurrección, la muerte ha sido vencida, Jesús nos ha obtenido la vida eterna.

En la Ascensión, Jesús retorna al Padre llevando consigo su humanidad glorificada. La victoria es definitiva. Con el Hijo de Dios el Hombre se introduce en el cielo. Y desde el cielo, Su filiación —somos hijos en el Hijo— nos arrastra al Padre consigo[14]. Desde ahora, el cielo está abierto y nos llama; el camino lo conocemos: es Él, Cristo. Él es el Camino, la Verdad y la Vida (*cfr. Jn* 14, 6). En la medida en que le amamos y nos transformamos en Él, ascendemos a su encuentro, nos adentramos en la Vida, vivimos plenamente en la Verdad del hombre, llamado por naturaleza a hallarse en Dios. Esta idea la desarrolla magistralmente el P. Jean Corbon en su libro Liturgia fontal.[15]

Cada vez que rezamos el Padre nuestro le decimos al Padre: quiero llegar a donde estás tú, pero no quiero esperar hasta entonces, quiero ser ahora como tu Hijo Jesucristo. Por ello me propongo alejarme de todo pecado, caminar contigo, vivir en gracia, ser todo tuyo.

Santificado sea tu Nombre

¿Acaso tiene Dios necesidad de que los hombres le deseemos el bien?¿Podemos nosotros santificar el Nombre de Dios, que es santo?

---

[14] cfr. BENEDICTO XVI, 23 de mayo de 2012.

[15] JEAN CORBON, *Liturgia fontal, misterio-celebración-vida*, Madrid , Palabra, 2009.

Cuando oímos a Dios decir: «Continuamente, a lo largo del día, mi nombre es despreciado» (*Is* 52, 5) nosotros queremos responderle: no, Señor, nosotros te amamos y te alabamos: ¡santificado sea tu nombre!

A una criatura le corresponde bendecir a su Creador por lo que Él es y por los beneficios que ha recibido de Él. Es deber de un hijo agradecer, bendecir, respetar a sus padres, origen de su vida. Cuando hablamos de que hemos sido creados, comprendemos que lo hemos recibido todo de Dios, ¡incluidos nuestros padres!

Santificar el Nombre de Dios significa ponerlo por encima de todo, honrarlo, alabarlo, reconocer su santidad, su majestad, la maravilla de sus dones, confiarse a Él, reconocer su omnipotencia, cantar y celebrar su belleza. El corazón humano se ensancha cuando bendice a su Creador y Padre.

Ante tantos regalos del amor de Dios, ante la belleza desbordante de la creación, ante el don de nuestros prójimos, de la vida, de la inteligencia, del alimento, de los niños y de los ancianos, ante el don de Cristo, Verbo Encarnado, de la Eucaristía, del Espíritu Santo, del bautismo, de María, de la Iglesia, de la vida eterna... ¿Cómo no exclamar una y otra vez: «¡santificado sea tu nombre!»?

Jesucristo nos dio a conocer el Nombre de Dios (*cfr. Jn* 17, 6) y con su ejemplo, nos enseñó a alabarlo: «Padre, glorifica tu Nombre» (*Jn* 12, 28).

También María nos enseñó a alabar a Dios cuando en el Magnificat glorifica la grandeza del Señor. El coro de los ángeles canta a Dios: «Santo, Santo, Santo» (*Ap* 4, 8). «También nosotros, destinados a vivir como los ángeles, si somos dignos, aprendemos ya en esta tierra esa voz celestial que alaba a Dios, que será nuestro servicio en la gloria futura»[16]. Y el salmista nos enseña a decir: «Yo te glorifico, Señor...» (*Sal* 30, 2).

El nombre indica las cualidades específicas de la cosa nombrada. El nombre de Dios revela su santidad, su divinidad. Si el nombre de Dios es santo, ¿cómo pretendemos santificarlo? ¿Acaso podemos aportar algo a Dios con nuestra alabanza?

No es que nuestras oraciones santifiquen a Dios, pues Dios ya es santo, sino que, además de bendecirle y alabarle, le pedimos a Él que su Nombre sea santificado en nosotros. Es una súplica por nuestra perseverancia en la carrera a la santidad que iniciamos en el bautismo. Tenemos necesidad de continua conversión. Por eso, todos los días, al rezar el Padre nuestro, lo que hacemos es pedir a Dios que nos lave, que nos santifique, que nos purifique.

Somos nosotros los que ganamos cuando damos gloria a Dios, porque si agradamos a Dios con nuestras buenas obras, los que crecemos somos nosotros. Si alabas a Dios te haces bien

---

[16] Tertuliano, *Sobre la oración*, 3.

a ti mismo, si maldices a Dios te perjudicas a ti mismo. También esta es muestra de la bondad y santidad de Dios nuestro Padre, que no ha querido recibir para sí solo cuanto como criaturas le debemos, sino hace redundar en nuestro bien y felicidad lo que le decimos y ofrecemos para agradarle a Él.

Cada fin de año, o mejor, cada día, podemos hacer un elenco de los principales regalos recibidos de Dios y luego preguntarnos: ¿Qué he hecho para merecerlos? ¿Por qué ha sido Dios tan bueno conmigo? Al contemplar ese canasto desbordante de regalos personales de Dios, alcemos la mirada y las manos diciéndole: Padre nuestro, que estás en el cielo, ¡santificado sea tu nombre!

Cuando escuches las olas del mar,
                    ¡Santificado sea tu nombre!
Cuando contemples un cielo estrellado,
                    ¡Santificado sea tu nombre!
Cuando recuerdes el amor de tus padres,
                    ¡Santificado sea tu nombre!
Cuando estés con tu esposo o esposa,
                    ¡Santificado sea tu nombre!
Cuando veas a tus hijos crecer,
                    ¡Santificado sea tu nombre!
Cuando amanezcas cada mañana,
                    ¡Santificado sea tu nombre!
Cuando termines la jornada,
                    ¡Santificado sea tu nombre!
Cuando la vida te duela,
                    ¡Santificado sea tu nombre!

Cuando todo resulte bien,
　　　　　¡Santificado sea tu nombre!
Cuando te humillen,
　　　　　¡Santificado sea tu nombre!
Cuando te muestren aprecio,
　　　　　¡Santificado sea tu nombre!
Cuando lo contemples clavado en la cruz,
　　　　　¡Santificado sea tu nombre!
Cuando recibas el perdón de tus pecados,
　　　　　¡Santificado sea tu nombre!
Cuando experimentes el amor de María,
　　　　　¡Santificado sea tu nombre!
Siempre y en todo momento,
Padre nuestro, ¡Santificado sea tu nombre!

Santificado sea tu nombre en mi jornada laboral.
Santificado sea tu nombre en mi vida matrimonial,
　　consagrada, o sacerdotal.
Santificado sea tu nombre en mi quehacer diario.
Santificado sea tu nombre en mi vida social.
Santificado sea tu nombre en mis pensamientos.
Santificado sea tu nombre en mis palabras.
Santificado sea tu nombre en todos mis actos.
Señor, santificado sea tu nombre en mi vida y por
　　todos los hombres.

Venga a nosotros tu Reino

Cuando Dios reina en nuestro corazón, reina la
paz, porque reina Su Espíritu de amor y el amor
es fuente de paz. El Reino de Dios es un reino de
amor, no de temor, es un reino de misericordia, un
reino constructivo, no destructivo. Por eso que-

remos que nuestros corazones y todo el mundo sean conquistados por el fuego del amor de Dios.

Jesucristo vino a instaurar Su Reino (*Jn* 18, 37) y Su Reino ya está en medio de nosotros (*Lc* 17, 21) pero «el Reino de los cielos es como un tesoro escondido» (*Mt* 13, 44). Ya está pero todavía no... Todavía no todos lo conocen, todavía no ocupa Él el primer lugar en todos los ambientes ni en todos los corazones, todavía no lo servimos solo a Él. Por eso pedimos al Padre: que la venida de Cristo se verifique en mí.

Por más que buscamos que Cristo reine en nosotros, en nuestras propias vidas constatamos este «ya pero todavía no». Basta ver las veces que pensamos mal de otras personas y hablamos mal de ellas, cuando somos duros en nuestros juicios respecto a los demás, cuando les hablamos con palabras hirientes, cuando nos creemos los poseedores de la verdad, cuando tenemos sentimientos negativos respecto a alguien que nos ha hecho daño, etc. Es que Cristo aún no reina plenamente en nosotros. Cristo reina en mí cuando pienso, quiero, hablo, actúo como Cristo.

El Reino de Dios es Cristo mismo y nosotros queremos que en nuestras familias, en nuestro grupo de amigos, en nuestro trabajo, en nuestra sociedad, nuestra cultura, nuestra vida... haya armonía, haya amor, que se desarrollen positivamente, que se realicen plenamente, que sean lo que deben ser, es decir, que sean de Cristo y conforme al estilo de Cristo. Por eso le suplicamos a Dios que su Reino venga a nosotros. «Todo lo que deseamos para nosotros se lo auguramos a Él»[17], dice Tertuliano y por eso le deseamos: ¡Que venga tu Reino!

Al pedir que el Reino de Dios venga a nosotros, rezamos para que Su gracia crezca, produzca fruto y progrese en nuestras vidas de modo que con pleno sentido podamos decir: «El Señor es mi Pastor, nada me falta» (*Sal* 22, 1). Dios es muy respetuoso de nuestra libertad, es un Rey en espera de acogida, va ocupando el terreno que le vamos abriendo, abarcando poco a poco todas las realidades de nuestra existencia. Como sucede cuando se escucha un pasaje del Evangelio, que poco a poco va tomando sentido, hasta que se vuelve una convicción profunda, transforma y se convierte en una propia forma de pensar y de ser.

¡Qué importante es rezar con pleno sentido! Que cada vez que recemos el Padre nuestro y digamos «Venga a nosotros tu Reino», seamos conscientes de que lo que estamos pidiendo para cada una de nosotras es:

Que esté lleno de amor.
Que irradie bondad.
Que encuentre la fuente de la paz.
Que viva en estado de gracia.
Que se aleje el Enemigo de mi vida.

---

[17] *Sobre la oración*, 5,4.

Que yo desaparezca y solo te busque a ti.

Que no ambicione nada en la tierra, sino solo la vida eterna.

Quiero pensar como tú, hablar como tú, sentir como tú, actuar como tú.

Quiero amar a todos por igual: a todos.

Quiero perdonar a todos y de todo.

Quiero que reine la misericordia.

Quiero que todos te conozcan.

Quiero adelantar el Reino que me tienes preparado (*cfr. Mt* 25, 34).

Quiero que tú seas mi gran tesoro, lo único que tema perder.

Quiero que mi corazón arda por la misión como el Tuyo.

Dame un corazón manso y humilde.

Ayúdame a vivir el sufrimiento con sentido, como tú.

Dame un corazón puro.

Que seas Tú quien viva en mí (*cfr. Gal* 2, 20).

Como vemos, «Venga a nosotros tu Reino» es una gran oración de súplica; Jesucristo nos dijo: «Buscad el Reino de Dios y su justicia y todo lo demás se os dará por añadidura» (*Mt* 6, 33).

Si quieres examinar qué tanto reina Dios en ti, fíjate cómo son tus palabras, tus actitudes con los demás, tus acciones. ¿Se distinguen por la caridad? Si no, es que aún te queda espacio por dejarle a Dios en tu alma. Quien tiene el Reino de Dios en su vida, puede compartirlo; quien está lleno de sí mismo o del espíritu del mal, pues es eso lo que transpira. Donde un cristiano vive el amor, da testimonio de amor y predica el amor, allí se realiza el Reino de Dios. Por eso Pablo VI insistía en que el mundo necesita testigos antes que maestros.[18]

Que la confesión, la recepción frecuente de la Eucaristía y la súplica insistente: «Venga a nosotros tu Reino» nos ayuden a conformar nuestra mente, nuestro corazón y nuestra voluntad con los de Cristo. Que hayamos orado tan bien que luego podamos «comunicar a los demás lo contemplado»[19], anunciar el Reino que hemos acogido y experimentado antes en la oración.

Hágase tu voluntad en la tierra como en el cielo

A veces es provechoso rezar las oraciones más comunes con las propias palabras. Ayuda a renovar el sentido de cada frase, para luego pronunciar la oración vocal original con mayor sinceridad y hondura. Podemos aprovechar esta parte del Padre nuestro como ejemplo, desentrañando el sentido riquísimo que contiene.

---

[18] «El hombre contemporáneo escucha más a gusto a los testigos que a los maestros o si escucha a los maestros es porque son testigos». PABLO VI, *Discurso a los miembros del Consilium de Laicis,* 2 octubre 1974.

[19] cfr. SANTO TOMÁS DE AQUINO, *Suma Teológica,* II-II, q. 188, a. 6c.

Padre Bueno, Tú siempre buscas mi bien y solo mi bien.

Tú quieres mi salvación eterna.

Me hiciste para vivir en intimidad contigo en el tiempo y en la eternidad.

¡Qué más puedo desear! ¡Gracias, Padre!

No me impones un destino, me hiciste libre y quieres que yo elija.

Pero a veces preferiría no tener que elegir; temo equivocarme.

Tú conoces mi debilidad, tú sabes cómo a veces me confundo, se me nubla la mente y no sé qué camino tomar.

No siempre es fácil saber qué es lo que tú quieres, qué es lo que más me conviene.

No quiero contristarte, no quiero hacer daño a las personas.

Solo quiero agradarte, hacer el bien y alcanzar la vida eterna.

Quiero obedecerte porque quiero agradarte.

Quiero lo que Tú quieras porque te quiero.

Y si hago lo que tú quieres me irá siempre bien.

Quien hace tu Voluntad se salva.

Padre nuestro, hágase tu voluntad.

Tú amas a los que cumplen tus mandamientos, porque Tú dijiste: «Quien hace la voluntad de mi Padre, que está en los cielos, ese es mi hermano y mi hermana» (*Mt* 12, 49-50).

Tu Voluntad es que cumpla tus mandamientos.

Se dice fácil, pero en las circunstancias concretas de la vida, no es tan sencillo y no siempre sé cuál es tu voluntad.

Cuando tengo delante el bien y el mal, es fácil distinguir, pero a veces tengo que elegir entre dos bienes.

Por eso ahora, como Jesús en Getsemaní, me abandono en tus brazos con absoluta confianza y te digo: «No se haga mi voluntad sino la tuya» (*Lc* 22, 42).

Que se haga tu voluntad en mí, me guste o no me guste, sé que obedecerte será lo mejor para mí. Padre Santo, hágase tu voluntad.

Hágase tu voluntad en la tierra como en el cielo. «Que en la tierra reine la paz como en el cielo».[20]

¡Bendigan al Señor, todos sus ángeles, los fuertes guerreros que cumplen sus órdenes apenas oyen la voz de su palabra!

¡Bendigan al Señor, todos sus ejércitos, sus servidores, los que cumplen su voluntad! (*Sal* 102, 20-21).

Así como los ángeles te obedecen, que así también yo. Que así como ellos ven con claridad el modo de agradarte, como ellos hacen el bien sin que ninguna miseria les desvíe, que así también yo te obedezca y te bendiga.

Padre nuestro, hágase tu voluntad en la tierra como en el cielo.

Danos hoy nuestro pan de cada día

En la primera parte del Padre nuestro pedimos por los bienes celestiales: la santificación del Nombre de Dios, el cumplimiento de la voluntad de Dios, la venida del Reino de Dios. En la segunda parte del Padre nuestro pedimos por lo que necesitamos para la vida. La primera petición es: Danos hoy nuestro pan de cada día.

---

[20] SAN AMBROSIO, *Los sacramentos*, 4, 23.

El que pide pan es un mendigo. Jesús nos enseña a acudir al Padre como mendigos que se reconocen necesitados de ayuda. El autosuficiente cree bastarse a sí mismo; el humilde, en cambio, reconoce su indigencia, sabe que no puede solo y acude a Dios Padre para pedir que satisfaga sus necesidades básicas, con la confianza de que Dios Padre no dará una piedra al hijo que le pide pan (*cfr. Mt* 7, 9). Al rezar el Padre nuestro nos acercamos a Dios con actitud humilde, de mendigos.

El pan que necesitamos es lo indispensable para la vida cotidiana, la Eucaristía, la Palabra de Dios y el Espíritu Santo.

Lo indispensable para la vida cotidiana: pedimos a Dios que provea nuestras necesidades básicas, como son: alimento, vestido, hogar, salud y amor. Algunos ya las tienen, piden que no les falte. Algunos tienen en abundancia: piden el pan de la pobreza evangélica para no apegarse a cosas superfluas y que las riquezas no les lleven a la perdición. Otros no tienen ni lo más elemental: viven al día. Conozco muchas personas así. Viven de la Providencia, dependen de la lluvia y del sol, de las personas caritativas, de las ventas de cada día, de si les contratan esa jornada o no... Viven pendientes del Señor, con la certeza de que Dios proveerá.

La Eucaristía: «Yo soy el Pan vivo que ha bajado del cielo. Quien coma de este pan, vivirá para siempre. El Pan que yo les daré es mi Carne para la vida del mundo» (*Jn* 6, 51). «Mi Padre os da el verdadero Pan del cielo» (*Jn* 6, 32).

Cristo es nuestro Pan, porque Cristo es la vida y la vida es el Pan: «Yo soy el Pan de vida» (*Jn* 6, 35) y poco antes había dicho: «El Pan es la palabra de Dios vivo, que viene del cielo» (*Jn* 6, 33), refiriéndose también a su Cuerpo, cuando dice: «Esto es mi Cuerpo» (*Mt* 26, 26). «Por tanto, pidiendo el pan de cada día, pedimos vivir enteramente en Cristo y recibir nuestra individualidad de su Cuerpo».[21]

Si en donde vivimos hay misa diaria, ojalá vayamos por nuestro Pan cotidiano: Cristo Eucaristía. Si no, ojalá al menos haya un Sagrario con el Santísimo Sacramento para ir a alimentarnos de su compañía. La Eucaristía es el pan de vida, el que da fuerza en el camino al cielo, el que sostiene en las responsabilidades y el sufrimiento, el buen vino que alegra la vida y es descanso en la fatiga.

La Palabra de Dios: el Pan de la Palabra divina es el alimento invisible del espíritu. Pedimos un corazón abierto, capaz de escuchar la Palabra de Dios. Pedimos que Dios nos dirija su palabra, que nos diga lo que espera de nosotros, que escuchemos cuál es Su voluntad para agradarle. Los silencios de Dios son muy dolorosos, a veces terribles. ¡Danos, Señor, el Pan de tu Palabra!

---

[21] TERTULIANO, *Sobre la oración*, 6, 10-12.

Para recibir este pan hemos de ponernos a tiro, es decir, hemos de entrar en contacto con la Palabra de Dios a través de la Liturgia (la Santa Misa, la Liturgia de las Horas) o la lectura personal de un pasaje de la Sagrada Escritura, para que Dios nos hable a cada uno de nosotros actualizando y personalizando Su Palabra de acuerdo con nuestras necesidades y circunstancias personales.

El Espíritu Santo: consolador y dulce huésped del alma es el artífice de nuestra transformación en Cristo y nos sostiene en la misión de instaurar su Reino.[22] El Espíritu Santo es la fuerza que viene de lo alto. (*Lc* 24, 49) Esta fuerza es indispensable para caminar en el desierto y para realizar la misión. Los apóstoles salieron a dar testimonio y predicar una vez que recibieron al Espíritu Santo en Pentecostés. Los discípulos y misioneros lo necesitamos para saber conducirnos y conducir a otros, para ser capaces de compartir con ardor el amor de Cristo que antes hemos experimentado en la oración. Y, de nuevo, lo pedimos con total confianza, porque «El Padre celestial dará el Espíritu Santo a aquellos que se lo pidan» (*Lc* 11, 13).

Hoy

Pedimos el pan de hoy porque cada día tiene su propio afán y Jesucristo nos recomienda que no

---

[22] *CLC,* 13.

nos preocupemos del mañana (*Mt* 6, 34), que vivamos bien este día y que lo hagamos minuto a minuto. Seremos felices si vivimos el momento presente en plenitud, siendo lo que somos. Si nos centramos en lo que somos, hijos de Dios, más que en los quehaceres, nuestra vida estará impregnada de paz. Es propio de gente sabia vivir con plena conciencia en el aquí y el ahora, dejando pasar lo que pasa, con una actitud de abandono y confianza en los brazos paternales de Dios.

La vida temporal es efímera, pasa como el agua de río, se acaba cuando menos lo esperamos; el pasado es pasado, solo tenemos el presente. El futuro se construye en el presente y cada momento presente es el regalo que Dios nos da y la ofrenda que podemos ofrecerle. Le pedimos que hoy nos proteja y le ofrecemos ser hoy buenos hijos suyos. Cada momento presente vivido con plena conciencia es una oportunidad maravillosa para agradecer los dones de Dios y alabarlo.

La pobreza espiritual de las bienaventuranzas tiene mucho que ver con el «hoy»: «Bienaventurados los pobres de espíritu, porque de ellos es el Reino de los cielos» (*Mt* 5, 3). El pobre es libre, no tiene su corazón atrapado en las cosas que se marchitan, ni es esclavo del pasado que poseía, ni del futuro que quisiera poseer. El pobre de espíritu es consciente de su miseria y de su riqueza porque se sabe poseedor de un gran tesoro aunque sea vasija de barro, vive agradecido por ser templo de la Trinidad y goza velando esa presencia que lo habita. Vivir el momento presente como hijo de Dios es poseer el Reino de los cielos; el tesoro por el cual vale la pena venderlo todo.

Perdona nuestras ofensas como también nosotros perdonamos a los que nos ofenden

El perdón es la llave de la libertad y la paz interior. Para pedir perdón se requiere humildad. Para perdonar se requiere misericordia. Ni la humildad ni la misericordia son fáciles. Pedir perdón supone reconocerse pecador. Perdonar supone tener un corazón como el de Cristo.

En el Padre nuestro, Jesucristo nos enseña a pedir: «Perdona nuestros pecados como también nosotros perdonamos a los que nos ofenden», pues el perdón de los pecados y el haber perdonado son condiciones para alcanzar la paz interior y la salvación eterna.

Padre, me declaro culpable, pido clemencia, perdón por mis pecados. Me acerco a ti con absoluta confianza porque sé que tú prefieres la penitencia a la muerte del pecador (*cfr.* Ez 33, 11). A ti no te gustan ni la venganza ni el rencor, tu corazón es compasivo y misericordioso, y sé que solo estás esperando a que tenga la humildad de reconocer mi pecado, arrepentirme y pedir perdón para desbordar la abundancia de tu misericordia. «Cuando confesamos nuestros pecados, Dios, fiel y justo, nos los perdona» (1 *Jn* 1, 9). Miro al horizonte: veo tus brazos abiertos y un corazón de Padre queriendo atraerme con lazos de un amor infinito. Padre, perdóname, quiero recibir el abrazo eterno. Tu enseñanza es muy clara: para ser perdonados y poder entrar en el Reino de los cielos debemos tener un Corazón como el tuyo. «Perdonad y se os perdonará» (*Lc* 6, 36), «El que odia a su hermano es un homicida» (1 *Jn* 3, 15), «Con la medida que midiereis se os medirá» (*Mt* 7, 2), «Si no perdonáis, tampoco el Padre os perdonará» (*Mc* 11, 23).

Nos pides que seamos buenos cristianos por la práctica de la caridad evangélica.

Que seamos benévolos con quienes nos han hecho daño, con quienes nos han ofendido, nos han traicionado y nos odian, pues, de otro modo, no mereceremos que lo seas Tú con nosotros. El siervo al que se le condonó su deuda y que no quiso perdonar a su deudor, fue encarcelado. Perdió el perdón que había obtenido al no ser él capaz de perdonar (*cfr. Mt* 18, 23-25). Padre, envía tu Espíritu de amor y perdona mis pecados, purifícame, sáname, restáurame, renuévame con la Sangre Redentora de tu Hijo; ayúdame a tener un corazón como el Suyo, un corazón humilde y generoso capaz de perdonar, arranca de mí el corazón de piedra y dame un corazón de carne.

No nos dejes caer en tentación

Tentaciones las tenemos todos y a cada paso. A veces las vemos venir, otras veces nos sorprenden como el ladrón. A veces son declaradas, otras como lobos con piel de oveja. A veces las vencemos, otras nos atrapan y nos hacen daño, tanto daño. Por eso Jesucristo nos enseñó a pedir: No nos dejes caer en tentación.

Las tendencias desordenadas que llevamos dentro son agresivas y «son muerte; mas las del espíritu, vida y paz» (*Rom* 8, 6). Nos pasamos toda la vida en guerra, guerra entre las tendencias del espíritu y las de la carne. «La vida del hombre sobre la tierra es una milicia» (*Job* 7, 1).

La tentación nos ayuda a recordar que somos débiles y vulnerables, que tenemos una naturaleza caída que exige vigilancia, una flaqueza que necesita del auxilio de la fuerza de Dios. Nos recuerda que de todo ello hemos de ser salvados y nos llena de gratitud y amor hacia Jesús, nuestro Redentor. El sufrimiento que trae la tentación es un modo de reparar por nuestros pecados. La circunstancia de la tentación nos da la oportunidad para confirmarle a Dios nuestra opción por Él.

La situación de ser tentados nos ayuda a conocernos a nosotros mismos y a crecer en la virtud: «Quien no ha pasado pruebas poco sabe, quien ha corrido mundo posee gran destreza» (*Qo* 34, 10). «El horno prueba las vasijas de alfarero, la prueba del hombre está en su razonamiento» (*Qo* 27, 5). Dios, por misericordia, quiere probarnos para instruirnos, dice San Agustín. Estos momentos son útiles como prueba de nuestras fuerzas espirituales. Abraham fue puesto a prueba, también Israel en el desierto. Cuando combatimos en la tentación y ponemos nuestra fuerza en Jesús y no en nuestras falsas seguridades, nos hacemos más fuertes y conquistamos la corona que Dios prometió a los que lo aman. El cristiano es un luchador, cuando deja de luchar se aleja de Dios. La militancia es indispensable para conquistar la cumbre del ideal cristiano. La tentación nos coloca en la verdad de nosotros mismos, y nos permite elevar los ojos a Dios misericordioso, poniendo toda nuestra confianza en Él, el Dios que no defrauda.

No debemos exponernos a la tentación, pero tampoco debemos huir de la batalla.

En la batalla debemos resistir con toda firmeza. San Cirilo de Jerusalén compara la tentación a un torrente difícil de atravesar.[23] Algunos no dejan que la tentación los trague y atraviesan el río; son nadadores valientes y fuertes que no se dejan arrastrar por la corriente. Otros, entran al río y se ven arrastrados. Una cosa es quemarse, otra chamuscarse.

---

[23] «La tentación es algo semejante a un torrente difícil de atravesar. Pero aquellos a los que no se los traga la tentación, la atraviesan como hábiles nadadores sin ser arrastrados por nada. Pero los que no son así, se hunden nada más entrar». Cfr. *Catequesis* 23, 17, DDB 1991, p. 534.

En su libro *Camino de Perfección*, Santa Teresa explica que cuando un alma llega a la perfección no pide más al Señor que la libre de las tentaciones, de las persecuciones y las batallas. Más aún, desea el sufrimiento y lo pide al Señor, como el soldado que busca las grandes batallas porque sabe que el botín será generoso. Estas personas no temen a los enemigos declarados, se enfrentarán a ellos y saldrán victoriosas con la fuerza de Dios. El enemigo al que temen y del que piden al Señor que les proteja es el que se camufla, el demonio que se presenta con cara de ángel luminoso y que no se declara sino hasta después de haber vencido.[24] Estos enemigos te hacen caer en tentación sin que te des cuenta. Te seducen, te engañan, te atrapan y dañan gravemente tu alma.

Santa Teresa recomienda que en la tentación dediquemos más tiempo a la oración y supliquemos la ayuda del Señor con humildad, pidiéndole que nos permita sacar bien del mal. Cuando el Señor ve nuestro deseo de servirlo y darle gusto, será fiel y vendrá en nuestro auxilio. El demonio, que es muy astuto, nos hace creer que tenemos la virtud necesaria para afrontar las tentaciones. Es necesaria la humildad para reconocer nuestras debilidades y pedir ayuda al Señor a base de oración y vigilancia.[25]

---

[24] cfr. *Camino de perfección*, 38, 1-2.
[25] cfr. *Camino de perfección*, 38, 4-5.

La postura de fondo debe ser una voluntad firmemente determinada a no ofender a Dios y siempre buscar agradarlo. En la tentación, aceptar que somos pobres y vulnerables; nunca la presunción de sentirse fuerte y virtuoso, porque por allí se mete el demonio. «Velad y orad, para no caer en tentación: el espíritu está pronto, pero la carne es débil» (*Mt* 26, 41).

Lo que pedimos a Dios no es que no seamos tentados, sino que no seamos tentados por encima de nuestras fuerzas. «Dios es fiel, y él no permitirá que sean tentados más allá de sus fuerzas. Al contrario, en el momento de la tentación, les dará el medio de librarse de ella, y los ayudará a soportarla» (1 *Cor* 10, 13).

Cuando se te presenta la tentación, depende de ti cómo la manejas en tu interior. No ves al demonio, pero sientes tus pasiones y tienes que combatir para salir victorioso. Necesitamos la gracia de Dios para salir triunfantes, por eso le decimos: no nos dejes caer en tentación. Es decirle: ayúdame, solo no puedo.

Por eso, junto con la oración y la vigilancia, nos fortalecemos cuando intensificamos nuestra vida sacramental. Es Dios, todo vida y salud del alma, quien nos concede las fuerzas que necesitamos. La confesión y la comunión frecuentes fortalecen nuestro organismo espiritual, algo así como las vitaminas cuando estamos débiles y tememos pescar un buen resfriado.

Con esta petición suplicamos a Dios que el enemigo no pueda nada contra nosotros si Él no lo permite. Como dijo Cristo a Pilato: «No tendrías ningún poder sobre mí si no se te hubiera dado de lo alto» (*Jn* 19, 11).

Padre nuestro, te lo suplico, ¡no me dejes caer en tentación!

Y líbranos del mal

Terminamos el Padre nuestro pidiendo a Dios que nos libre del mal. Es una petición muy seria que hacemos a Dios Todopoderoso: que nos libre de Satanás, del diablo, del seductor (*Ap* 12, 9), del padre de la mentira (*Jn* 8, 44). También Jesús lo pidió para nosotros en la última cena: «No te pido que los retires del mundo, sino que los guardes del Maligno» (*Jn* 17, 15).

> Al pedir ser liberados del Maligno, oramos igualmente para ser liberados de todos los males, presentes, pasados y futuros de los que él es autor o instigador. En esta última petición, la Iglesia presenta al Padre todas las desdichas del mundo. Con la liberación de todos los males que abruman a la humanidad, implora el don precioso de la paz y la gracia de la espera perseverante en el retorno de Cristo.[26]

---

[26] *CCE,* 2854.

Señor, el demonio anda «como león rugiente buscando a quien devorar» (1 Pe 5, 8). No queremos caer en sus garras.

Líbranos del mal.

Líbranos del tentador, de sus seducciones y de sus engaños, no dejes que siembre la cizaña del mal en nuestras vidas.

Líbranos del orgullo, del amor propio y la autosuficiencia.

Líbranos de la idolatría y la vanidad, de toda forma de egoísmo, de ponernos al centro de nuestros pensamientos e intereses.

Líbranos de ser esclavos de la opinión de los demás, de la cobardía, del respeto humano y de todo aquello que condicione nuestra autenticidad cristiana.

Líbranos de cuanto nos esclaviza sin que nos demos cuenta.

Líbranos de los malos sentimientos, del rencor, del odio, del deseo de venganza.

Líbranos de cualquier ambición o atadura que nos robe la paz.

Queremos aspirar a las cosas de arriba, no a las de la tierra.

Líbranos de los apegos que nos impiden volar hasta ti.

Líbranos de las fuerzas del mal, de los maleficios, de las brujerías, de la infestación diabólica.

Queremos estar siempre en tus brazos y nunca bajo el poder de Satanás.

¡Queremos ser libres, Señor! ¡Queremos ser tuyos, solo tuyos!

Queremos despojarnos del hombre viejo y que nos revistas del hombre nuevo a través de la gracia que nos regalas en los Sacramentos.

Tenemos la certeza de que si tú estás con nosotros, nadie podrá contra nosotros (*cfr. Rm* 8, 31).

Por eso hacemos esta oración llenos de confianza en Ti: Tú has vencido al mundo (*cfr. Jn* 16, 33).

Todo lo podemos en ti que nos das fuerza (*cfr. Fil* 4, 13).

Por los méritos de la pasión, muerte y resurrección de tu Hijo Jesucristo, te pedimos, Padre, que nos libres del maligno ahora y en la hora de nuestra muerte.

Amén.

El Avemaría

Cuando deseemos hablar con la Virgen María podemos decirle lo que queramos de manera sencilla y natural, lo que brote del corazón, y cuanta más devoción pongamos, mejor. La fórmula del avemaría es un excelente vehículo, probado millones de veces durante siglos, para tener un encuentro filial con nuestra Madre del cielo. El avemaría nos ofrece palabras y actitudes adecuadas para venerarla, invocarla, decirle algo que sabemos que a ella le agrada y que a nosotros nos hace bien.

¿Cómo rezar bien el avemaría?

La mejor forma de rezar el avemaría es mirar a María amándola.

Propongo algunos pasos para renovar el modo en que lo hacemos. Rezando esta oración con la debida calma y con viva conciencia, poco a poco el Espíritu Santo irá afinando la sensibilidad de nuestra relación filial con Ella, de tal modo que apenas pronunciemos las primeras palabras del avemaría, brotarán del corazón profundas resonancias que favorecerán el contacto de fe y amor con la Santísima Virgen.

1. La recordamos. Lo primero es acordarse de ella. Simplemente con la memoria o con la

ayuda de una imagen nos colocamos espiritualmente en su presencia. Se trata de ponerse delante de la Virgen María que está en el cielo, no de una estampa o de una estatua de mármol o de yeso, sino de su persona. Las imágenes solo nos hacen presente a la persona, como las fotografías de los grandes momentos o de nuestros seres queridos.

2. Acto de fe, amor y confianza filial. Teniéndola ya presente, establecemos un contacto de fe y amor con María; si no, la oración mariana por excelencia no será oración. Nos acercamos a ella con la confianza y el cariño con los que todo buen hijo se acerca a su madre, con el deseo de darle afecto, mostrarle gratitud y también de obtener de ella lo que necesitamos, seguros de que nos mirará con amor y nos escuchará con atención.

3. La veneramos. Le decimos que estamos aquí para expresarle afecto, respeto y admiración. Adoramos solo a Dios. A María la veneramos como Madre de Dios, esposa del Espíritu Santo, Madre de Cristo, Su cooperadora en la Redención y también madre nuestra. Ella nos lleva siempre a Jesús, que es «el único Mediador, es el Camino de nuestra oración; María, su Madre y nuestra Madre es pura transparencia de Él: María muestra el Camino, es su Signo».[1]

---

[1] *CCE,* 2674.

La Constitución Dogmática Lumen Gentium, nos enseña que:

> Ninguna criatura puede compararse jamás con el Verbo Encarnado, nuestro Redentor; pero así como el sacerdocio de Cristo es participado de varias maneras, tanto por los ministros como por el pueblo fiel, y así como la única bondad de Dios se difunde realmente en formas distintas en las criaturas, así también la única mediación del Redentor no excluye, sino que suscita en sus criaturas una múltiple cooperación que participa de la fuente única. La Iglesia no duda en atribuir a María un tal oficio subordinado: lo experimenta continuamente y lo recomienda al corazón de los fieles para que, apoyados en esta protección maternal, se unan más íntimamente al Mediador y Salvador.[2]

4. La alabamos. En la primera parte del avemaría la exaltamos, la elogiamos, celebramos a la humilde esclava del Señor por las maravillas que ha hecho Dios en ella y, por medio de ella, en todos los seres humanos. Usamos las palabras del arcángel Gabriel, las de santa Isabel, y nos unimos a su asombro, a su admiración llena de afecto al contemplar un alma tan bella y dócil al Espíritu Santo, tan humilde esclava del Señor.

---

[2] *LG*, 62.

Dios te salve, María.
Llena eres de gracia.
El Señor es contigo.
Bendita tú eres entre todas las mujeres.
Y bendito es el fruto de tu vientre, Jesús.

5. Le suplicamos. En la segunda parte del avemaría la invocamos. María dio su sí a Dios en
la Anunciación, lo sostuvo durante la infancia,
en la juventud de Jesús, en su vida oculta en
Nazaret y al acompañarlo discretamente en la
vida pública. Renovó su consentimiento en silencio manteniéndose en pie hasta el final junto
a su Hijo crucificado. Desde entonces, Ella se
ha ocupado de proteger e interceder como la
mejor de las madres por los hermanos de su
Hijo.

La Lumen Gentium nuevamente lo explica así:

> Una vez recibida en los cielos, no dejó su ofi-
> cio salvador, sino que continúa alcanzándo-
> nos por su múltiple intercesión los dones de la
> eterna salvación. Con su amor materno cuida
> de los hermanos de su Hijo, que peregrinan y
> se debaten entre peligros y angustias y luchan
> contra el pecado hasta que sean llevados a la
> patria feliz. Por eso, la Bienaventurada Virgen
> en la Iglesia es invocada con los títulos de Abo-
> gada, Auxiliadora, Socorro, Mediadora.[3]

---

[3] *Íbidem.*

Santa María, Madre de Dios.
Ruega por nosotros pecadores.
Ahora y en la hora de nuestra muerte.
Amén.

EXPLICACIÓN DEL AVEMARÍA

Después de haber respondido a la pregunta ¿Cómo rezar bien el avemaría?, vamos a comentar el avemaría con la intención de que al pronunciar cada frase lo hagamos con pleno sentido.

En el año 1525 se encuentra ya el avemaría en los catecismos populares, pero la fórmula definitiva tal y como nosotros la rezamos la fijó Pío V en 1568, con ocasión de la reforma litúrgica.

Dios te salve

Imagínate cómo es la mirada de Dios sobre la mujer que Él creó y eligió para que fuera su madre: una mirada llena de amor, de predilección, de gozo y complacencia. Hasta donde te sea posible, cuando comiences el avemaría apropia la mirada de Jesús sobre su Madre y salúdala con las palabras del Arcángel Gabriel en la anunciación (*Lc* 1, 28). Desde lo más profundo de tu corazón dile: «alégrate María».

María

Pronunciar el nombre de María llena de amor y de confianza. María significa la amada del Señor,

Señora, estrella del mar, la que orienta a los navegantes y los dirige a Cristo. San Alfonso María de Ligorio, citando a San Onorio, decía que el nombre de María es un «nombre cargado de divinas dulzuras»[4] y Tomas de Kempis afirma que los demonios temen de tal manera a la Reina del cielo, que al oír su nombre, huyen de aquel que lo nombra como de fuego que los abrasara.[5]

Llena eres de gracia, el Señor es contigo

Porque Dios está con ella María está completamente impregnada de gracia, como una esponja bajo el agua. María está llena de la presencia de Dios y Dios es la fuente de la gracia. El poder del Altísimo la cubrió con su sombra (*Lc* 1, 35), es decir, Dios descendió para habitar en ella. María es «la morada de Dios entre los hombres» (*Ap* 21, 3). Dios se da por completo a María, la colma de belleza, y ella, que desborda Gracia divina, la entrega a la humanidad.

Bendita tú entre las mujeres

Isabel fue la primera en decirle a María: «Tú eres bendita entre todas las mujeres» (*Lc* 1, 42). Es bendita porque Dios la eligió con amor eterno,

---

[4] *Las glorias de María*, 10.
[5] Cfr. *La imitación de María*, 3, 4, 6.

porque es la Madre de Dios, porque es madre y virgen, porque es inmaculada, porque fue llevada en cuerpo y alma a la gloria celeste.

Y bendito es el fruto de tu vientre, Jesús

María es la viña fecunda que nos entrega el mejor de los frutos, el alimento que sacia. El fruto de su vientre es fruto del amor de Dios (*cfr. Lc* 1, 42), de la maravillosa y fecunda colaboración entre el Espíritu Santo y esa pobre jovencita de Nazaret. A mí me ayuda mucho contemplar el icono de la «Madre del signo» que nos muestra a Jesús en el vientre de María en forma de Eucaristía: «El pan vivo, bajado del cielo. Si uno come de este pan, vivirá para siempre» (*Jn* 6, 51).

Santa María, Madre de Dios

Comenzamos la segunda parte del avemaría exaltando su santidad y el gran motivo de su dignidad. La portadora de Dios es santa. Ella creyó en la Palabra del Señor y se entregó como la esclava del Señor, y gracias a eso, el Verbo se hizo carne y habitó entre nosotros. Como madre alimentó a Jesús, lo protegió, lo educó. ¡Qué digna representante del género humano que le da a Dios todo el amor que su pequeñez es capaz de dar!

Nos duele escuchar: «Y los suyos no le recibieron» (*Jn* 1, 11), pero María sí lo recibió y hoy nosotros, cultivando la vida de gracia, queremos recibirlo como lo hizo ella.

Ruega por nosotros pecadores

Su maternidad espiritual se extiende a todas las generaciones, a todos los hermanos de Jesús, y ella ruega por nosotros, vela por nuestras necesidades. Como en las bodas de Caná va una y otra vez con Jesús y le dice: «No tienen vino», y obtiene abundantes bienes para sus hijos. Ella protege con particular predilección a los más pequeños, a los indefensos, a los enfermos, a los que tienen heridas morales, a los pecadores. Vemos lo espléndida que es en los Santuarios Marianos: Guadalupe, Lourdes, Fátima, El Pilar, Loreto, Luján, Aparecida.

Santa María, Madre de Dios y Madre nuestra, me declaro pecador, necesito que desbordes sobre mí tu corazón misericordioso.

Ahora

En el momento presente, en todo momento presente. Cuando todo va bien y cuando no, cuando estoy en gracia y cuando no, cuando me siento bien y cuando no, en la salud y en la enfermedad, en las alegrías y las tristezas, en la luz y en la oscuridad: siempre. El «ahora» abarca toda mi vida, porque el momento presente recoge el pasado, el presente y el futuro: todo lo pongo en tus manos. En el presente reparo por mi pasado, te ofrezco mi futuro, vivo según el Evangelio. Decirle «ruega ahora por mí», es decirle: te necesito siempre a mi lado María, siempre; no te separes de mí.

Y en la hora de nuestra muerte

Así como estuviste junto a Jesús en la hora de su muerte (*cfr. Jn* 19, 27), así desde ahora te pido que, cuando termine mi vida terrena, estés conmigo. Si paso mis últimos días enfermo, quiero que como buena madre me acompañes de día y de noche. Al morir quiero tener un Rosario en la mano y sentir tu mejilla en mi frente, mientras me dices al oído: No tengas miedo, que no te aflija cosa alguna, ten confianza, ¿qué no estoy yo aquí que soy tu Madre? Quiero que mis últimas palabras sean: «María, Jesús», y que habiéndolas pronunciado me cargues en tus brazos y me pongas en los brazos del Padre. Quiero que tú me lleves con Jesús y, que al despertar allá en el cielo, tenga mi cabeza reclinada sobre Su pecho, y estar sintiendo tus caricias por toda la eternidad.

Amén

Es una palabra aramea (la lengua de Jesús) que significa fuerza, solidez, fidelidad, seguridad. Se usa para afirmar y confirmar. Decir «amén» es decir que sí, que así es, que estamos de acuerdo y afirmamos con fuerza y seguridad lo que creemos. Decir «amén» al final del avemaría es decirle: «Sí, Madre, yo sé que cada vez que te dirijo esta oración tú trabajas mi corazón, me estás formando, me vas modelando poco a poco, me vas ayudando a crecer en las virtudes de la humildad, la pobreza, la caridad, la pureza, la prudencia, la generosidad, la misericordia... Sí, Madre, hazlo con toda libertad, te lo suplico: amén».

¿Cuándo rezar el avemaría?

Cualquier momento es buen momento para rezar el avemaría. Puedes formar ciertos hábitos o rutinas de vida de oración y es bueno hacerlo, pero también es bueno tener siempre el nombre de la Virgen María «en la punta de la lengua».

Por ejemplo, puedes rezar el avemaría:

* Al comenzar el día: en mis años de formación para el sacerdocio y todavía hoy, cuando voy de camino a la Capilla para las oraciones comunitarias, veo a algunos de mis hermanos de pie frente a una imagen de la Santísima Virgen María. Hermosa manera de comenzar el día.

* Al salir de casa, para ponerse en sus manos, pedirle su protección y compañía en el camino.

- Al rezar el Angelus, a las doce del día y a las seis de la tarde.

- Al pasar frente a una imagen suya, frente a una Iglesia dedicada a Ella, o simplemente al recordarla en cualquier momento.

- Al rezar el Rosario: ¡50 veces! Para decirle cuánto la queremos y cómo necesitamos que nos ayude a contemplar a Jesús desde su mirada y a amarlo con los mismos sentimientos que ella.

- Ante un crucifijo: Fue desde la cruz que Jesús nos dijo: «Ahí tienes a tu Madre» (*cfr. Jn* 19, 25-28). Es bello recordar y agradecer ese momento cada vez que estemos ante Cristo crucificado.

- Ante la belleza de la creación. Ella es la criatura más bella salida de la mano de Dios. San Luis María Grignion de Montfort comenta que, cuando Dios quiso crear al hombre, creó el universo con sus estrellas y soles, la tierra con el mar, el aire y el agua, los animales y plantas y todo cuanto contiene, un Paraíso y ahí lo colocó; pero cuando pensó en enviar a su propio Hijo, creó para Él un nuevo Paraíso y lo llamó María.[6]

---

[6] Cfr. *Tratado de la verdadera devoción a la Sma. Virgen,* 261.

- Al ver una persona que sufre o que tiene alguna necesidad, para pedir por ella: «ruega por nosotros», «ruega por él».

- Ante Cristo Eucaristía: tal vez sea el lugar y el momento más hermoso de todos. Rezar un avemaría ante Cristo Eucaristía es decirle: «Gracias por traer a Jesús al mundo; si no fuera por ti no tendríamos Eucaristía», «enséñame a orar», «fórmame como lo hiciste con Jesús», «también yo quiero consolarle, hagámoslo juntos»...

- Antes de acostarte: cuando tenía dieciocho años, mi director espiritual me aconsejó terminar el día con una visita a la Santísima Virgen y así lo he hecho hasta el presente. Lo recomiendo mucho: consiste simplemente en ir a donde esté una imagen de la Virgen, rezar con calma tres avemarías y darle «el beso de las buenas noches».

El Rosario

Tres angustias radicales del ser humano son: perder el sustento, el miedo a la muerte y no encontrar el descanso eterno. La Virgen María conoce bien a sus hijos, sabe que estas y muchas otras preguntas nos escuecen por dentro y que se nos presentan con mayor o menor fuerza según las circunstancias, los tiempos, la personalidad y la conciencia de cada uno. Por ello hacemos bien en pedirle: Santa María, Madre de Dios, ruega por nosotros, pecadores, ahora y en la hora de nuestra muerte. Amén. Al rezar el Rosario desde nuestra realidad de hijos, pecadores y en camino, le presentamos esta súplica 50 veces seguidas.

Cuando se habla del Rosario, muchas veces la atención se centra en la mecánica del rezo del Rosario. Es fácil encontrar buenas explicaciones de cómo se reza el Rosario. Quisiera fijarme más en la pedagogía de la oración cristiana que en los rezos, y más en las actitudes que en los contenidos.

Un buen orante, al rezar el Rosario, se centra más en las actitudes que en la mecánica de la oración. Las actitudes fundamentales en el Rosario son: mirar a María con amor y contemplar a Cristo con la mirada de María.

La oración es una actitud interior, antes que una serie de prácticas y fórmulas, un modo de estar frente a Dios, antes que de realizar actos de culto o pronunciar palabras.[1]

El Rosario es una oración mariana centrada en Cristo. En el Rosario, mientras se honra a la Virgen María con el paso de las avemarías, se contemplan en la mente y en el corazón los grandes momentos y misterios de la vida de Jesús. La pregunta principal es: ¿cómo se contemplan? Y la respuesta debe ser: como María. Se trata de aprender de María a contemplar la belleza del rostro de Cristo.

Nos ayuda *La Pietà* de Miguel Ángel: es toda una lección de oración. Allí queda plasmado cómo la Virgen María meditaba la Palabra en su corazón. En su mirada y en toda su postura interior y exterior se ve cómo toma conciencia y cómo profundiza las palabras, los hechos y los misterios de la vida de Su Hijo Jesucristo.

Al iniciar el Rosario debemos detenernos un momento y pensar en lo que vamos a hacer. Debemos actuarnos y en vez de «poner el disco» para que comience su monótono repetir de avemarías, hemos de suplicar a Dios que nos conceda la gracia de asimilar el modo de ver y de ser de la Virgen María y tratar de apropiar sus actitudes evangélicas en su relación con Cristo. «Así la Madre del Señor ejerce una influencia especial

---

[1]   Benedicto XVI, 11 de mayo de 2011.

en el modo de orar de los fieles».[2] Es necesario hacerlo cada vez que se reza el Rosario. De lo contrario es fácil que no resulte bien y venga el desaliento.

Si nos metemos en el corazón de la Virgen María y el Espíritu Santo nos concede la gracia de sentir como Ella, conocer como Ella y amar a Cristo como Ella, el Rosario se puede convertir, también para nosotros, en una plegaria maravillosa.

San Juan Pablo II, pocos días después de su elección al pontificado, dijo que el Rosario era su oración preferida y nos explicó cómo había que rezarlo:

El Rosario es mi oración predilecta. ¡Plegaria maravillosa! Maravillosa en su sencillez y en su profundidad. En esta plegaria repetimos muchas veces las palabras que la Virgen María oyó del Arcángel y de su prima Isabel. Palabras a las que se asocia la Iglesia entera. Con el trasfondo de las avemarías pasan ante los ojos del alma los episodios principales de la vida de Jesucristo. El Rosario en su conjunto consta de misterios gozosos, dolorosos y gloriosos y nos ponen en comunión vital con Jesucristo a través —se puede decir— del Corazón de su Madre. Al mismo tiempo nuestro corazón puede incluir en estas decenas del Rosario todos los hechos que entraman la vida del individuo, la familia, la nación, la Iglesia y la humanidad. Experiencias personales o del prójimo, sobre todo de

---

[2] San Juan Pablo II, 3 de enero de 1996.

las personas más cercanas o que llevan más en el corazón. De este modo la sencilla plegaria del Rosario sintoniza con el ritmo de la vida humana.[3]

Las palabras clave aquí son: comunión vital con Jesucristo a través del Corazón de su Madre.

El Rosario es una oración marcadamente contemplativa. María es para nosotros un modelo de oración contemplativa. Ella guardaba y meditaba en su corazón todo lo que vivía junto a Jesús (*cfr. Lc* 2, 19).

> Sin contemplación, el Rosario es un cuerpo sin alma y su rezo corre el peligro de convertirse en mecánica repetición de fórmulas y de contradecir la advertencia de Jesús: "Cuando oréis, no seáis charlatanes como los paganos, que creen ser escuchados en virtud de su locuacidad" (*Mt* 6, 7). Por su naturaleza el rezo del Rosario exige un ritmo tranquilo y un reflexivo remanso, que favorezca en quien ora la meditación de los misterios de la vida del Señor, vistos a través del corazón de Aquella que estuvo más cerca del Señor, y que desvelen su insondable riqueza.[4]

Mientras rezamos el Rosario, María nos mira y su mirada maternal nos llena de una profunda paz y confianza.

---

[3] SAN JUAN PABLO II, 29 de octubre de 1978.
[4] *Rosarium Virginis Mariae*, 12.

Para mí, la imagen de la Virgen de Guadalupe es de las que mejor expresan la maternidad de Dios y de María. Cuando voy a la Villa de Guadalupe, normalmente no me salen palabras; Ella me enseña a orar con un simple intercambio de miradas.

De rodillas o sentado, me pongo tranquilo delante de su imagen, primero la veo con mis ojos, luego la imagino viva, realmente presente delante de mí y allí me quedo con Ella en un intercambio de miradas. Sé que Ella me está viendo, me ve siempre, es mi Madre que me ama y me protege con su mirada. Su mirada es compasiva, dulce, tierna, humilde, sencilla; es como una caricia llena de amor. Me inspira mucha confianza, seguridad y fortaleza. Con solo verla y dejarme mirar por Ella, experimento en mi interior una profunda paz. Como Pedro en el Tabor, digo en esos momentos: ¡Qué bien se está aquí!

Percibes una presencia sobrenatural, más allá de una imagen estampada en la tilma de Juan Diego o de un acto de la imaginación. Ya es un acto de fe. La ves sabiendo que te ve, es mirada de amor. Vives la experiencia de saberte amado. Y allí te quedas, descansando en su presencia, gozando de ese momento de bienestar profundo.

Cuando me distraigo vuelvo a abrir los ojos, miro de nuevo su imagen, con toda calma. Sus oídos cubiertos por el manto me recuerdan que he de recoger mis sentidos exteriores e interiores (memoria e imaginación) para poner atención a la voz del Espíritu. Apenas reconquisto la atención, paso a gozar de su presencia con la mirada interior. Y allí me quedo con Ella, bajo la sombra luminosa del Espíritu Santo. ¡Qué fácil es actuar la fe, el amor y la confianza delante de la Virgen de Guadalupe!

Cuando veo su imagen siento que María me mira, me toma en sus brazos y me repite como a Juan Diego: «No te apene ni te inquiete cosa alguna. ¿No estoy yo aquí que soy tu Madre? ¿No estás por ventura en mi regazo? Nada has de temer».[5]

Orar es mirar y dejarte mirar. Amar y dejarte amar.

---

[5] *Nican Mopohua.*

GLORIA

Dar «Gloria a Dios» es celebrar su belleza y su grandeza. Glorificar a Dios es postrarse a sus pies y desde lo más profundo del corazón decirle con todo amor y humildad: Dios mío, ¡qué grande eres! ¡Cuánta belleza! Reconozco tu esplendor y tu valor infinito, por eso te honro, te amo y te alabo con todo mi ser. «¡A ti la gloria por los siglos!» (*Rm* 11, 15). En palabras de la esposa del Cantar de los Cantares: «¡Qué hermoso eres, amado mío, qué delicioso!» (*Cant* 1, 16).

Al rezar «Gloria al Padre y al Hijo y al Espíritu Santo, como era en el principio, ahora y siempre por los siglos de los siglos. Amén», alabamos al único Dios y a cada una de las tres Personas Divinas, y exaltamos su inmensa belleza. Dios es el «Rey de la gloria» (*Sal* 14, 9-10), por eso «al que está sentado en el Trono y al Cordero: alabanza, honor, gloria y potencia por los siglos» (*Ap* 5, 13).

Así lo hacemos también en la misa, cuando rezamos el «Gloria a Dios» inspirados en el canto de los ángeles la noche del nacimiento de Jesús (*cfr. Lc* 2, 14), y nos unimos a la iglesia celestial cantando: «Gloria a Dios en el cielo y en la tierra paz a los hombres que ama el Señor», como se ha hecho desde los primeros siglos del cristianismo.

La gloria de Dios se refiere a su vida íntima, a ese manar eterno de infinita belleza, a la comunión de las tres personas divinas, a lo que Él es, a su omnipotencia, su perfección, su generosidad desbordante. De igual manera se refiere a la admiración, la alabanza y la adoración que su esplendor suscita en el hombre: «¡Qué admirables son tus obras! Toda la tierra se postra ante ti» (*cfr. Sal* 66).

El Gloria, en su brevedad y sencillez, resume el fin de la creación y la vocación de todo hombre: dar gloria a Dios. Toda la vida del hombre debe ser una continua alabanza al Padre, al Hijo y al Espíritu Santo, y cuando rezamos esta oración, al igual que cuando nos santiguamos o persignamos, avivamos nuestra vocación de adoradores mientras profesamos nuestra fe en la Santísima Trinidad.

Por eso es muy recomendable rezar esta oración de alabanza en diversos momentos del día y hacerlo con gran reverencia.

La creación canta la gloria de Dios

Dios crea todas las cosas para manifestar su gloria y comunicarla, como el río despliega su belleza en las cataratas. La grandeza y el poder del río Iguazú se hace manifiesta a través de un conjunto de cataratas formadas por 275 cascadas diferentes entre sí y cada una siempre nueva. Desbordan a lo largo de 3.5 kilómetros, donde han llegado a derramarse hasta 45,000 metros cúbicos de agua por segundo.

Ante un espectáculo así y muchos tal vez más sencillos y cercanos a nosotros, celebramos con San Juan de la Cruz: «Mil gracias derramando pasó por estos sotos con presura y, yéndolos mirando, con sola su figura vestidos los dejó de su hermosura».[1]

¿A quién no le habla la inmensidad de un cielo estrellado, el poder de las olas que arremeten contra las rocas, la dulzura de la brisa que pasa invisible y silenciosa como una caricia, el murmullo armonioso de cualquier riachuelo de bosque, la armonía de un campo de flores en plena primavera...?

El Salmo 18 nos ofrece una personificación de las criaturas como testigos que proclaman las maravillas salidas de la mano creadora de Dios y que a Él nos remiten:

> El cielo proclama la gloria de Dios, el firmamento pregona la obra de sus manos: el día al día le pasa el mensaje, la noche a la noche se lo susurra. Sin que hablen, sin que pronuncien, sin que resuene su voz, a toda la tierra alcanza su pregón y hasta los límites del orbe su lenguaje. Allí le ha puesto su tienda al sol: él sale como el esposo de su alcoba, contento como un héroe, a recorrer su camino. Asoma por un extremo del cielo, y su órbita llega al otro extremo: nada se libra de su calor.

---

[1] *Cántico espiritual,* 5.

San Juan Pablo II, comentando este salmo, explica: «El día y la noche son representados como mensajeros que transmiten la gran noticia de la creación. Se trata de un testimonio silencioso, pero que se escucha con fuerza, como una voz que recorre todo el cosmos».[2]

San Atanasio nos dice que «el firmamento, con su grandeza, su belleza su orden, es un admirable predicador de su Artífice, cuya elocuencia llena el universo».[3]

«El mundo ha sido creado para la gloria de Dios».[4] De Dios procede, a Dios alaba, de Dios nos habla, a Dios nos lleva y a Dios regresa.

Pero es al hombre, al amigo, al interlocutor de Dios, a quien corresponde reconocer la Presencia escondida, el rastro, la huella, la estela luminosa del Creador.

Con la mirada interior del alma, con la intuición religiosa que no se pierde en la superficialidad, el hombre y la mujer pueden descubrir que el mundo no es mudo, sino que habla del Creador.[5]

Fue a Adán a quien Dios confió la tarea de poner nombre a las plantas y a los animales. Por medio del hombre, la creación silenciosa y muda halló

---

[2]   30 de enero de 2002.

[3]   *PG* 27, 124.

[4]   *Concilio Vaticano I*, DS 3025.

[5]   *Ídem.*

palabras para expresar el don recibido de Dios al traerlos a la existencia. El hombre pudo nombrarlos, y al nombrarlos reconocerlos, y en ellos reconocer y hacer memoria de la Belleza que los trajo al ser.

Y así nosotros, de la grandeza y hermosura de las criaturas llegamos, por analogía, a contemplar a su Autor (*cfr.* Sb 13, 5). Todas ellas, sometidas a las leyes naturales, solo siendo lo que son, glorifican al Creador.

Gloria al Padre y al Hijo y al Espíritu Santo.

LA GLORIA DE DIOS ES EL HOMBRE QUE VIVE

Por más que el cosmos nos llene de asombro, la gloria de Dios tiene su despliegue privilegiado en el ser humano. «Si somos templos de Dios y el Espíritu de Dios habita en nosotros, es mucho más lo que cada fiel lleva en su interior que todas las maravillas que contemplamos en el cielo».[6]

Fuimos hechos a imagen y semejanza de Dios y por el bautismo quedamos convertidos en adoradores y glorificadores del Padre. Verdaderamente «Dios ha querido dar a conocer la riqueza de su gloria sobre los vasos de su misericordia» (*Rom* 9, 23).

Por nuestra identidad y por el ejercicio de nuestra vocación de adoradores, dice San Ireneo

---

[6] SAN LEÓN MAGNO, *Sermón 7, En la Natividad del Señor.*

que «la gloria de Dios es la vida del hombre».[7] Nosotros tenemos la capacidad de glorificar a Dios, no por instinto o una fuerza ciega sino consciente y libremente: «Amarás al Señor, tu Dios, con todo tu corazón, con toda tu alma y con todas tus fuerzas» (Deut 6, 5).

Debemos culto a Dios, hemos de glorificarle por nuestra condición de criaturas: «Sabed que el Señor es Dios, que Él nos hizo y somos suyos» (*Sal* 99, 3); pero a Dios no le gusta que nos comportemos como esclavos que le alaban porque deben, sino que nos ha hecho libres para que le amemos como hijos. Más que una obligación, con nuestra oración y nuestras obras damos gloria a Dios por amor. Más que una relación de esclavo con su amo, Dios espera de nosotros una relación de hijo con su Padre, o mejor, una comunión de amor esponsal.

¡Qué misterio! Con lo frágiles y pequeños que somos, Dios quiso escogernos para ser templo y resplandor de su gloria. Cualquiera que se conozca a sí mismo con verdad debe reconocer que «llevamos este tesoro en vasos de barro» (2 *Cor* 4, 7).

Cómo glorificar a Dios

Rezar el gloria es no solo un acto de adoración, sino un recordatorio de que toda nuestra vida debe ser para la gloria de Dios. Jesús nos en-

---

[7]   *Contra los herejes*, lib. IV, 20, 7, 184.

señó cómo hacerlo: desde pequeño aclaró que debía ocuparse de las cosas de su Padre (*cfr. Lc* 2, 41ss), y cuando llegaba el fin de su vida terrena, resumió así su existencia: «Padre, yo te he glorificado en la tierra llevando a cabo la obra que me encomendaste» (*Jn* 17, 4).

Lo hizo por obediencia y con amor, su vida toda fue una oblación voluntaria para agradar al Padre: «Nadie me la quita, sino que yo la doy por mí mismo» (*Jn* 10, 18). Jesucristo se ofreció como «víctima», como cordero, como holocausto, para la gloria del Padre y nuestra salvación.

Nuestra vida cristiana consiste en ser imitadores de Cristo y por ello también nosotros hemos de ser «alabanza de su gloria» (*Ef* 1, 6).

Los modos de glorificar a Dios pueden ser tan variados como la vida misma: «Ya comáis, ya bebáis o ya hagáis alguna cosa, hacedlo todo para la gloria de Dios» (1 *Co* 10, 31).

1. Con los labios y con el corazón

Podemos pronunciar el Gloria con actitud de alabanza en cualquier momento del día, en la oración personal y en la oración litúrgica, al levantarnos, al terminar la jornada, después de cada salmo al rezar la liturgia de las horas…

Cada momento presente, todo acontecimiento puede ser buena ocasión para rezar el Gloria: al ver a tus hijos durmiendo o jugando, al contemplar un hermoso atardecer, al despuntar el alba, cuando llueve y cuando sopla el viento, cuando por fin consigues un objetivo que te habías propuesto, al probar un sabroso churrasco, cuando experimentas satisfacciones y consuelos personales, cuando el sacerdote eleva la hostia durante la consagración, cuando vas solo en el coche o caminando por el campo… A cualquier hora, por cualquier motivo: «Te doy gracias, Señor; te alabo y te bendigo por tu infinita misericordia. Gloria al Padre y al Hijo y al Espíritu Santo, como era en el principio, ahora y siempre, por los siglos de los siglos. Amén».

Puedes pronunciarlo o cantarlo, en voz alta o en silencio, en privado o en comunidad: «Cantad la gloria de su nombre, poned gloria en su alabanza» (*Sal* 66, 2).

Cuando pronuncies el Gloria de pie o sentado, se recomienda que también el cuerpo participe en la alabanza inclinando la cabeza. O bien puedes hacerlo de rodillas o postrado.

2. Con las actitudes y disposiciones

Un corazón pobre y humilde que no se reserva nada y lo ofrece todo a Dios, le da mucha gloria. También lo hace un corazón puro que no busca nada para sí sino que le ama y le alaba simplemente porque Dios es Dios y merece ser alabado: «aunque lo que espero no esperara, lo mismo que te quiero te quisiera... aunque no hubiera cielo yo te amara, y aunque no hubiera infierno te temiera».[8]

> Una alabanza de gloria es un alma que mora en Dios, que le ama con amor puro y desinteresado, sin buscarse a sí misma en la dulzura de ese amor; que le ama independientemente de sus dones y le amaría aunque nada hubiese recibido de Él.[9]

Quien así da gloria a Dios, ha aceptado y buscado una lenta y profunda purificación, y anhela con fuerza lo que escribió San Juan de la Cruz en su dibujo del Monte de perfección: «Solo mora en este monte la honra y gloria de Dios».[10]

3. Con la vida

Pronunciar con la propia vida el «Gloria al Padre y al Hijo y al Espíritu Santo» es lo que muchas personas hacen en su quehacer cotidiano. En tantos de ellos se verifican aquellas palabras de San Juan de la Cruz: «Hay cantidad de personas que creen que no rezan y sin embargo rezan mucho. Hay otras que, por el contrario, creen que rezan mucho y de hecho rezan poco».[11]

---

[8] INCIERTO, *Soneto a Cristo crucificado.*
[9] ISABEL DE LA TRINIDAD, *Obras completas,* p. 157.
[10] *Monte de perfección.*
[11] SAN JUAN DE LA CRUZ, *Subida al Monte Carmelo,* Prólogo, 6.

Conozco muchos que vivían preocupados porque no sabían si rezaban bien y al preguntarles cómo rezaban, no pocos me respondieron con palabras semejantes a estas: «Trato de agradar a Dios en todo lo que hago, mantenerme en contacto con Él a lo largo del día, sirvo lo mejor que puedo a mi familia, procuro hacerme espacios para acompañar a Jesús en el Sagrario, si le ofendo voy a confesarme lo más pronto posible, siempre que puedo le bendigo, le agradezco, le pido luz, me pongo en sus manos. Pero no sé si rezo bien...» A todos ellos les digo que pueden estar seguros de que su vida de oración es una ofrenda agradable a Dios.

Cumplir la voluntad de Dios en mi estado y condición de vida es el acto más perfecto de glorificación que puedo realizar.

4. Con las obras

«Que los hombres vean vuestras buenas obras y glorifiquen a vuestro Padre que está en los cielos» (*Mt* 5, 16). Las buenas obras, sobre todo las obras de caridad, agradan a Dios y es así como Él quiere que probemos nuestra fe: «Muéstrame tu fe sin obras y yo te mostraré mi fe por mis obras» (*Sant* 2, 18). «La gloria de mi Padre está en que deis mucho fruto y seáis mis discípulos» (*Jn* 15, 8).

El Espíritu Santo que llevamos dentro y que nos acompaña a todas partes nos va guiando;

es cuestión de dejarnos llevar para que Él haga lo que quiere en nosotros y con nosotros. Viviendo así, nuestra vida será fecunda, para gloria de Dios.

De manera especial glorifica a Dios el apóstol que da continuidad a la obra de Cristo Redentor difundiendo el fuego de Su amor. «Dios ha encendido la luz en nuestros corazones para que demos a conocer la ciencia de la gloria de Dios, reflejada en el rostro de Cristo» (2 *Cor* 4, 6). Por eso «hemos recibido de Cristo el don de ser apóstol, para que en todos los pueblos haya una respuesta de fe para gloria de su nombre» (*Rom* 1, 5).

5. Morar en Dios en silencio contemplativo

Corazón habitado, recogimiento amoroso, silencio sonoro, quietud contemplativa… es alabanza de gloria.

Da gloria a la Trinidad quien vela su presencia interior. Los orantes son adoradores en espíritu y en verdad (*cfr. Jn* 4, 24), llevan como una ermita excavada en lo más profundo de su ser y viven allí postrados ante Dios adorándole dondequiera que se encuentren y hagan lo que hagan.

Sor Isabel de la Trinidad nos dejó una extraordinaria interpretación de lo que se debe entender por la «alabanza de gloria» de la que nos habla la carta a los Efesios:

Una alabanza de gloria es alma silenciosa que permanece como una lira bajo el toque misterioso del Espíritu Santo para que produzca armonías divinas. El alma sabe que el sufrimiento es una cuerda que produce los más dulces sonidos. Por eso desea tenerla en su instrumento para conmover más tiernamente el corazón de su Dios.[12]

El silencio es

La más bella alabanza, porque es la que se canta eternamente en el seno de la apacible Trinidad. Es también el último esfuerzo del alma plenamente saciada e incapaz de poder expresarse.[13]

Y sigue Sor Isabel:

Una alabanza de gloria es un alma que contempla permanentemente a Dios en la fe y en la simplicidad. Es un reflejo del ser de Dios. Es como un abismo sin fondo donde Él puede entrar y expansionarse. Es también como un cristal, a través del cual Dios puede irradiar sus perfecciones y su propio resplandor.[14]

---

[12] *Obras completas*, p. 157.

[13] LACORDAIRE, referido en *Tratado espiritual* de Sor Isabel de la Trinidad.

[14] *Ídem.*

6. Con el sufrimiento y el ofrecimiento

Glorifica a Dios quien no busca gloria para sí, sino que todo se lo ofrece a Él y se lo atribuye a Él. Buscar gloria y honores para nosotros mismos, para nuestro apellido, para la parroquia, el movimiento apostólico o la empresa, es pretender arrancar el honor y la gloria que solo a Dios pertenecen.

Es más pura la alabanza cuanto más nos desprendemos de nosotros mismos. Sor Isabel de la Trinidad explica que:

> El alma que transige con su yo, que se preocupa de su sensibilidad, que se entretiene en pensamientos inútiles, que se deja dominar por sus deseos, es un alma que dispersa sus fuerzas y no está orientada totalmente a Dios. Su lira no vibra al unísono y el divino Maestro al pulsarla, no puede arrancar de ella armonías divinas. Tiene aún demasiadas tendencias humanas. Es una disonancia. El alma que aún se reserva algo para sí en su reino interior, que no tiene sus potencias recogidas en Dios, no puede ser una perfecta alabanza de gloria.[15]

> Ser alabanza de gloria exige estar muerta a cuanto no sea Él para vibrar solo a impulsos de su toque divino.[16]

---

[15] *Obras completas,* p. 163.
[16] *Obras completas,* p. 567.

Cuando algo nos hace sufrir o cuando alguien nos ofende, nos difama, nos hiere o nos humilla es buena ocasión para ofrecérselo a Dios. El sufrimiento, aceptado con fe y vivido en silencio, con paciencia y amor, es una ocasión privilegiada para unirse e identificarse con Cristo crucificado y dar gloria al Padre juntamente con Cristo en el Espíritu. Si alguien te arroja piedras puedes recogerlas y tirárselas de regreso, también puedes dejarlas allí tiradas, o puedes dejar que te hundan y te sepulten, o puedes construir un altar para ofrecerte como «víctima viva para alabanza de Su gloria» uniéndote espiritualmente a Cristo en el Calvario.

Hay personas que se ofrecen incondicionalmente a Dios pidiéndole que les permita sufrir con Cristo crucificado por la conversión de los pecadores y en expiación por los propios pecados y los de otros. Estas personas cargan sobre sí los sufrimientos de otros y sufren en silencio por amor a Cristo, con Él y en Él. Se les llama «almas víctimas».

7. En la Santa Misa y la adoración eucarística

Nos transformamos en alabanza de gloria cuando vivimos bien la celebración eucarística, ofreciéndonos con Cristo al Padre y recibiendo una sobreabundancia de gracias que Cristo nos ganó con su muerte y resurrección.

Qué importante es que la Liturgia esté siempre bien cuidada: el templo, los cantos, los ornamentos, las palabras, los símbolos, los silencios, la iluminación… y así sea una expresión de la gloria que la Iglesia quiere ofrecer a Dios y medio por el que aprendemos con todos los cinco sentidos lo que debe ser la vida de un bautizado.

Contamos, además, con la oportunidad de dedicar un tiempo diario o semanal a adorar a Cristo Eucaristía: quince minutos o media hora de adoración para escucharlo, acompañarlo, darle gracias, ofrecerle, pedirle luz y fortaleza… Cuánta gloria da a Dios el que nos postremos frente a la Hostia consagrada simplemente para estar con Él. El aumento continuo de capillas de adoración y de adoradores en todo el mundo es muestra clara de que el Espíritu Santo nos está conduciendo ante Él para adorarle.

8. En el uso de las criaturas

Así como no debemos endiosarnos a nosotros mismos, tampoco hemos de endiosar criatura alguna. Siempre corremos el riesgo de construirnos ídolos y entregarnos a ellos: personas, dinero, fama, etc.

San León Magno nos exhorta a dar gloria a Dios por el buen uso de las criaturas:

Lo que pretendemos es que uséis de un modo racional y moderado de todas las criaturas y de toda la belleza de este mundo, pues, como dice el Apóstol, lo que se ve es transitorio; lo que no se ve es eterno. Por consiguiente, puesto que hemos nacido para las cosas presentes y renacido para las futuras, no nos entreguemos de lleno a los bienes temporales, sino tendamos, como a nuestra meta, a los eternos; y, para que podamos mirar más de cerca el objeto de nuestra esperanza, pensemos qué es lo que la gracia divina ha obrado en nosotros. Oigamos las palabras del Apóstol: Habéis muerto, y vuestra vida está con Cristo escondida en Dios. Cuando aparezca Cristo, vida nuestra, entonces también vosotros apareceréis, juntamente con él, en gloria, el cual vive y reina con el Padre y el Espíritu Santo por los siglos de los siglos.[17]

Cuando aprovechamos y disfrutamos las criaturas para acercarnos más a Dios y agradarlo a Él estamos dando gloria a Dios; no así cuando las convertimos en fines.

El Gloria, qué oración tan sencilla pero qué rica de contenido. Ojalá la tengamos todos en la punta de la lengua las 24 horas del día.

---

[17] San León Magno, *Sermón 7, En la Natividad del Señor.*

LA COMUNIÓN ESPIRITUAL

El Hermano Lorenzo de la Resurrección enseñaba que «la práctica más santa y necesaria en la vida espiritual es la presencia de Dios»[1] y uno de los grandes medios para cultivarla son las comunicaciones espirituales. San Leonardo de Puerto Mauricio decía: «si practicas el santo ejercicio de la comunión espiritual varias veces al día, en un mes verás tu corazón completamente cambiado». Por la importancia y trascendencia de esta práctica, me detengo a considerarla.

LA COMUNIÓN EUCARÍSTICA

Cristo sabe que el camino de la vida es arduo y que, como Elías en el desierto (1 Re 19), sentimos que es superior a nuestras fuerzas. Él conoce bien la soledad que experimentamos tantas veces, la necesidad radical que tiene todo hombre de un amor fiel y seguro, capaz de llenar todas nuestras aspiraciones. Por eso quiso asegurarnos: «Yo estaré con vosotros todos los días hasta el fin del mundo» (*Mt* 28, 20). La Eucaristía es el cumplimiento de esa promesa. Durante el día podemos recurrir varias veces a Él y decirle que lo necesitamos a nuestro lado para que nos sostenga y acompañe.

---

[1] HERMANO LORENZO, *La práctica de la presencia de Dios.*

Y es que sin Eucaristía no podemos... El Papa Benedicto XVI cuenta la historia de los mártires de Abitinia[2]: en el año 304, cuarenta y nueve cristianos sufrieron tormento y martirio por desobedecer la orden del emperador romano Diocleciano de no celebrar la Eucaristía el domingo. Cuando les preguntaron por qué habían desobedecido al emperador, uno de ellos dijo: «Sin el domingo, no podemos vivir.»

Cuando voy a misionar al Pico de Orizaba, encuentro personas que caminan hasta cuatro horas para poder participar en la santa misa y recibir la Eucaristía, sin importar el frío, la lluvia o que el camino de vuelta tengan que hacerlo a oscuras. Tienen razón; es que «sin la Eucaristía no podemos».

Jesús es el primero que quiere estar con nosotros y dentro de nosotros. Es Dios mismo quien nos repite a diario lo que dijo a los apóstoles en la Última Cena: «He deseado ardientemente comer esta pascua con ustedes» (*Lc* 22, 15). ¡Dios mendiga nuestra atención y compañía! «Mira que estoy a la puerta y llamo; si alguno oye mi voz y me abre la puerta, entraré en su casa y cenaré con él y él conmigo» (*Ap* 3, 20).

Por medio de la Eucaristía, Cristo se nos da y nos hace crecer. No nos da cosas, se dona a sí mismo: «El Cuerpo y la Sangre de Cristo se nos dan para que también nosotros seamos transfor-

---

[2]   *Homilía en la Solemnidad del Corpus Christi,* 29 de mayo de 2005.

mados»[3]. No somos nosotros los que nos santificamos, es Él quien nos transforma y la Eucaristía es un alimento transformante, nos va haciendo semejantes a Cristo. Es un alimento espiritual que configura nuestra manera de pensar, de sentir, de actuar con la manera de pensar, sentir y actuar de Jesucristo. Él es el camino, la verdad y la vida (*Jn* 14, 6); es el centro, criterio y modelo de nuestras vidas. ¡Y allí lo tenemos siempre tan a la mano!

Al recibir la comunión eucarística nos unimos con Cristo, nos hacemos una sola cosa con Él. Si queremos recogernos en oración y encontrarnos con el Señor, ¿qué mejor manera de hacerlo que a través de la Hostia Consagrada?

«El que come mi carne y bebe mi sangre tiene vida eterna y yo le resucitaré en el último día» (*Jn* 6, 54). La Eucaristía es prenda de la gloria futura y es gustar por anticipado la gloria celestial. Desearla y recibirla es una forma de decirle a Cristo: yo quiero recibir el premio que has prometido a los que te reciben, yo quiero estar eternamente contigo en el cielo.

San Juan Pablo II, en la encíclica sobre la Eucaristía dice:

La Eucaristía es una degustación anticipada de la plenitud de gozo prometida por Cristo; es, en cierto modo, la anticipación del cielo, la promesa de la gloria futura.[4]

---

[3] BENEDICTO XVI, 21 de agosto de 2006.
[4] *Ecclesia de Eucaristia*, 18.

Por eso, hemos de cultivar y acrecentar nuestro amor a Cristo Eucaristía, procurando recibirlo todos los días de ser posible. Y en las horas y los días en que no podamos hacerlo, hacer comuniones espirituales.

Jesús utilizó la imagen de la vid y los sarmientos para explicarnos la necesidad de permanecer siempre unidos a Él. Para que los sarmientos tengan vida y den fruto, tienen que estar unidos a la vid. Si se separan, se secan. La comunión espiritual es una forma de «permanecer en su amor», de recibir esa savia vital que brota como manantial fecundo del costado traspasado de Cristo crucificado en los Sagrarios.

En qué consiste la comunión espiritual

La comunión espiritual consiste en decirle a Jesucristo cuánto deseamos recibirlo en nuestro corazón.[5]

Es un acto de deseo, a diferencia de la comunión sacramental, por la que recibimos, en la hostia consagrada, el Cuerpo, Sangre, Alma y Divinidad de Nuestro Señor Jesucristo.

---

[5] «Por comunión espiritual entendemos un gran deseo de unirnos a Jesucristo» San Juan María Vianney, *Sermón sobre la Santa misa*, II, 3.

Se puede hacer una comunión espiritual cuando no es posible recibir a Cristo en forma sacramental. Esto puede ser varias veces al día y en cualquier lugar.

Es muy sencillo: avivas la memoria de Cristo Eucaristía y le manifiestas el ardiente deseo que tienes de recibirle.

Con más detalle

* En un acto de fe te pones en presencia de Jesucristo, le dices que quieres estar cerca de Él porque lo amas y lo necesitas.

* Le dices expresamente que desearías recibir la comunión sacramental y le suplicas que venga espiritualmente a tu corazón.

* Haces un acto de confianza en que Él ha venido y está dentro de ti.

* Gustas un momento de su compañía, como si ya le hubieras recibido.

* Le pides que no se aparte de ti y que no te permita separarte de Él.

Si estás en pecado, antes de la comunión espiritual haces un acto de contrición, expresándole tu arrepentimiento y pidiéndole perdón. Al pedirle perdón suplícale que te fortalezca espiritualmente cada día más y te prepare Él mismo para que algún día, lo más pronto posible, puedas dar el paso de acercarte al sacramento de su perdón, revestirte de Su misericordia, recibir el abrazo del Padre y el vestido nuevo de la gracia (*cfr. Lc* 15, 22) con el que disponerte para entrar al banquete preparado para ti (*cfr. Lc* 15, 23-24) y recibir a Jesús sacramentalmente.

¿DE QUÉ SIRVE?

A través de la comunión espiritual nos mantenemos unidos a Cristo, le decimos que le amamos, que le necesitamos y, por medio de la fe y el amor, recibimos abundantes gracias de su infinita misericordia, como si hubiéramos recibido la hostia consagrada.

Hacer una comunión espiritual sirve para entrar en la ermita interior que todos llevamos en lo más profundo de nuestro corazón y allí abrazar a Jesús con fuerza, para luego permanecer postrados adorándole.

El Cura de Ars en sus sermones decía que «una comunión espiritual actúa en el alma como un soplo de viento en una brasa que está a punto de extinguirse. Cada vez que sientas que tu amor a Dios se está enfriando, rápidamente haz una comunión espiritual».

Es, además, la mejor manera de prepararnos para la comunión sacramental. El que busca, disfruta mejor el encuentro. El que desea, goza más la posesión. El que espera, ensancha el corazón. Quien practica la comunión espiritual es como el surco abierto preparado para la siembra y como la tierra reseca que agradece el rocío mientras llega la lluvia.

La comunión espiritual no sustituye la comunión sacramental, sino la anticipa, la prepara, la prolonga.

¿DÓNDE SE HACE?

Donde sea, pero el lugar y momento más adecuado para hacer una comunión espiritual es mientras estás arrodillado delante del Santísimo Sacramento al hacer una visita eucarística en la capilla.

¿QUÉ SE REZA?

La fórmula tradicional que nos propone San Alfonso María de Ligorio es:

> Creo, Jesús mío, que estás en el Santísimo Sacramento; te amo sobre todas las cosas y deseo recibirte en mi alma. Ya que ahora no puedo hacerlo sacramentalmente, ven al menos espiritualmente a mi corazón.
>
> (Se guarda un espacio de silencio en encuentro amoroso con Jesús).
>
> Como si ya te hubiese recibido, te abrazo y me uno todo a Ti. No permitas, Señor, que jamás vuelva a abandonarte.

Fórmula breve:

Creo, Jesús mío, que estás en el Santísimo Sacramento: Te amo y deseo. Ven a mi corazón. Te abrazo; no te apartes nunca de mí.[6]

En lenguaje coloquial, una comunión espiritual podría expresarse en palabras como estas:

* Jesús, ya te extraño; aunque desearía recibir la comunión sacramental en este momento, tengo que esperar hasta la tarde. Por eso te pido que vengas ahora espiritualmente a mi corazón.

* Mientras trabajo, mi recuerdo se va hasta ese Sagrario que tú y yo conocemos; tú sabes cómo me gustaría estar ahora a tu lado y recibirte, pero ahora tengo que estar aquí. Te amo, Jesús, ven espiritualmente a mi alma. Ya pasaré a verte y a recibir la comunión eucarística apenas pueda.

* Jesús, tú bien sabes cuánto quisiera recibirte sacramentalmente durante este viaje, pero no será posible; te suplico que vengas espiritualmente a mí y te quedes aquí conmigo.

* Quiero adorarte, Señor, qué daría por tener acceso a un sacerdote que me diera la comunión eucarística y pasar un rato en

---

[6]   *Visitas al Santísimo Sacramento y a María Santísima.*

intimidad contigo. Puesto que esto no es posible ahora, quiero al menos recibirte espiritualmente. ¡Ven, Señor Jesús!

Puedes decírselo a Jesús como desees; ojalá quieras comenzar a hacerlo varias veces al día.

Desear a Jesús

Agradezco mucho a la religiosa que me preparó para hacer mi primera comunión a los siete años de edad. Ella me enseñó a hacer comuniones espirituales y así comenzar a disfrutar de alguna manera a quien tanto deseaba.

El deseo de recibir a Cristo Eucaristía es lo esencial en una comunión espiritual.

El alma desea de tal manera estar con Cristo que experimenta una sed que solo puede aplacar Su presencia y, no pudiendo recibirlo sacramentalmente, le pide que por lo pronto venga espiritualmente a su corazón.

En el libro de los Salmos encontramos oraciones bellísimas que expresan este ardiente deseo de Su presencia:

«Señor mío, todas mis ansias están en tu presencia» (*Sal* 37).

«Mi corazón te dice: Yo busco tu rostro, Señor, no me ocultes tu rostro» (*Sal* 27).

«Como ansía la cierva corrientes de agua, así mi alma te ansía, oh Dios. Mi alma está sedienta de Dios, del Dios vivo. ¿Cuándo entraré a ver el rostro de Dios?» (*Sal* 42).

«Mi garganta tiene sed de ti, mi carne tiene ansia de ti, como tierra seca, agostada, sin agua...» (*Sal* 63).

Y el profeta Isaías: «Mi alma te ansía en la noche, mi espíritu en mi interior madruga por ti, ¡con qué ansia por tu nombre y tu recuerdo! (*Is* 26, 8-9)».

No es difícil imaginar lo mucho que a Jesús debe agradarle escuchar cuánto deseamos tenerle con nosotros.

San Agustín nos enseña que el deseo de Dios es oración y nos exhorta con San Pablo a orar sin cesar, es decir, a repetirle cuánto deseamos poseerle y permanecer en su presencia: «Tu mismo deseo es tu oración; si el deseo es continuo, continua es tu oración. Si subsiste el deseo, también subsiste el clamor; no siempre llega a los oídos de los hombres, pero nunca se aparta de los oídos de Dios».[7]

El corazón inquieto que cultiva y enardece el deseo de Dios, adelanta la presencia por la fe y disfruta la cercanía con el amor.

La búsqueda es ya posesión y alabanza: «"Alabarán al Señor los que le buscan" (*Sal* 21, 27), porque los que le buscan le hallan y los que le hallan le alabarán. Que yo, Señor, te busque invocándote y te invoque creyendo en ti».[8]

---

[7] *Comentario al salmo* 37, 14.
[8] San Agustín, *Confesiones,* 1, 1.

Cuando en la comunión espiritual le decimos a Jesús cuánto deseamos recibirle, podemos apropiarnos las palabras y los sentimientos de San Anselmo:

Míranos, Señor, escúchanos, ilumínanos, muéstrate a nosotros. Colma nuestros deseos y seremos felices; sin Ti todo es hastío y tristeza. Ten piedad de nuestros trabajos y de los esfuerzos que hacemos para llegar hasta Ti, ya que sin Ti nada podemos. Enséñame a buscarte, muéstrame tu rostro, porque si Tú no me lo enseñas no puedo buscarte. No puedo encontrarte si Tú no te haces presente. Te buscaré deseándote, te desearé buscándote; amándote te encontraré, encontrándote te amaré.[9]

Podemos estar seguros de que nuestro deseo de recibir a Jesús no se verá frustrado, más bien tiene garantías de respuesta, pues el Señor dijo: «Si alguno tiene sed, que venga a mí y beba» (*Jn* 7, 37).

COMUNIÓN DE AMOR CON CRISTO

Me gusta ver la comunión espiritual bajo la luz del Cantar de los Cantares: el canto de dos corazones que se buscan para unirse, y la ausencia momentánea: preparación para la unión que no habrá de disolverse.

---

[9] *Proslogion*, 1.

El alma, como la esposa del Cantar, fascinada por el esposo, se declara ansiosa de estar junto a él, gozar de su intimidad y recibir los besos de su boca (*cfr. Cant* 1, 2).

El perfume que se difunde (*cfr.*1, 3) desde el fondo de los Sagrarios alcanza a la esposa donde quiera que se encuentre y ejerce sobre ella una poderosa atracción que la llena de nostalgia (*cfr.*1, 4). Ese deseo de unión es una oración que suscita el Amor, el Espíritu Santo, y la lleva a la comunión de amor con Cristo esposo. Apenas encuentra el Espíritu Santo un deseo, un rescoldo entre las cenizas, va y sopla en el alma, a veces con suavidad a veces con fuerza, para encender la llama que arderá de amor por Jesús. La comunión espiritual es el camino que recorre el Esposo, Cristo Eucaristía, en busca de la esposa, el alma, para atraerla y enamorarla, hasta llegar a la unión total en la comunión sacramental.

Esa sed del alma por el amor de Cristo alivia la sed de Cristo, ese «tengo sed» que el Consolador escuchó de boca del crucificado y atendió suscitando la sed de la esposa (*cfr. Jn* 19, 28): «Y el gozo del esposo por la esposa lo sentirá tu Dios contigo» (*Is* 62, 15). El alma, por su parte, bebe y se sacia de la fuente fecunda de misericordia que mana sin cesar del costado traspasado.

¡Qué maneras las del Espíritu! Así obra el Espíritu de Amor: deseo, contemplación, posesión.

La esposa del Cantar goza cuando las doncellas participan de la atracción que irradia el esposo, y así ella le confirma su belleza: «¡Con razón eres amado!» (*Cant* 1, 4). La Eucaristía es el banquete al que todos estamos invitados: desde la fuente desbordante del Corazón de Jesús se nos da como alimento a partir de la Última Cena; distribuye amor y vida en miles de Sagrarios y no mengua al repartirla. Se nutre del Amor eterno de la comunión trinitaria, al que estamos llamados. De allí venimos, allá vamos, en Él estaremos para siempre.

Con razón la esposa celebra la opción que ha hecho y el privilegio de haber sido elegida (cfr. 1, 4). Qué bien aplican a Cristo Eucaristía los versos del pregón pascual: «¡Qué asombroso beneficio de tu amor por nosotros! ¡Qué incomparable ternura y caridad!». Y por eso suplicamos que al haberle recibido sacramental o espiritualmente «arda sin apagarse para destruir la oscuridad de la noche» y como ofrenda agradable los corazones orantes se asocien a las lumbreras del cielo.

Cuando el cristiano enamorado de Jesús no tiene posibilidad de recibir la Eucaristía siente lo que la esposa del Cantar cuando de pronto experimenta una inesperada ausencia del esposo. Es pedagogía del Amor que se esconde para avivar la atracción con la ausencia (*cfr.* 1, 7; 3, 2-3; y 5, 6-8).

«Soy morena, pero hermosa», dice la esposa (1, 5). No piense el alma que Cristo se le aparta por su pobreza. La esposa del cantar está morena porque ha tenido que trabajar guardando viñas (*cfr.*1, 6): una vida de arduo trabajo. ¡Cuánto quisiéramos estar junto al Señor a los pies del Sagrario en lugar de andar afanados en las múltiples fatigas del quehacer cotidiano! Cuanto más morena, cuanto más pobre, cuanto más humilde, más hermosa es el alma para el Sagrado Corazón de Jesús.

El alma que permanece en adoración a los pies del Sagrario o donde sea que a Él se una a través de continuas comuniones espirituales, tiene la tez morena de tanto estar expuesta a los rayos del Sol Eucarístico (*cfr.* 1, 6). Por eso es morena, pero hermosa. Y cuanto más se broncea exponiéndose a la luz de Cristo Eucaristía, más pura se torna y más hermosa.

El esposo del Cantar es como un pastor que sale a buscar a la pastora que a su vez lo está buscando (*cfr.* 1, 7-8); cuando la encuentra se deleita en sus hermosas mejillas y le promete adornarla con oro y plata (*cfr.* 1, 10-11). Es lo que hace el Esposo del alma cuando sale a buscarnos como el Buen Pastor y, si al hallarnos encuentra fe, amor, confianza, abandono, humildad, pobreza, gratitud, sed de adoración... Cristo se nos dará en la Eucaristía y nos adornará con abundantes gracias que embellecen el alma.

El pobre de espíritu que se reconoce vacío si Cristo le falta por dentro es para la Divina Misericordia como el dulce aroma del nardo que tanto deleita al esposo (cfr.1, 12) y que a cambio le ofrece al alma la suavidad de su sombra y el placer del fruto que el orante disfruta cuando le recibe en comunión (*cfr. 2, 3*).

Cuando la esposa se encuentra delante del esposo y desfallece de amor, el Esposo, Cristo Eucaristía, la abraza con amor: «Su izquierda bajo mi cabeza y su diestra me abraza» (2, 6); y la deja dormir feliz y segura en sus brazos, sin poner límites: «No despertéis ni inquietéis a la amada hasta que ella quiera» (2, 7). Cristo Eucaristía es siempre un deleite para el alma, con quien se puede disfrutar y descansar en paz profunda, como lo hizo Juan al recostarse en el pecho de Jesús precisamente cuando instituía el Sacramento de la Eucaristía (*cfr. Jn* 13, 25).

El esposo y la esposa parecen moverse en el círculo trazado por la irradiación del amor. Las palabras de los esposos, sus movimientos, sus gestos, corresponden a la moción interior de los corazones.[10]

Cristo, Verbo Encarnado que vino a alcanzarnos a la tierra, sigue buscándonos en cada Eucaristía: «Llega saltando por los montes, triscando por los collados. Es mi amado como la gacela o el cerva-

---

[10] SAN JUAN PABLO II, 23 de mayo de 1984.

tillo» (2, 8-9). Y desde cada Tabernáculo: «Está ya detrás de nuestros muros, atisbando por las ventanas, espiando por entre las celosías» (2, 9b).

Cada deseo, cada momento de cansancio, cada herida que necesita ser curada, cada nostalgia de un amor que no sepa romper su alianza, cada sentimiento de soledad en el alma, es ocasión para que se alce la voz de Cristo Esposo que desde todos los Sagrarios del mundo nos grita: «¡Levántate ya, amada mía, hermosa mía, y ven! Que ya se ha pasado el invierno y han cesado las lluvias» (2, 10-11).

«Mi amado es para mí, y yo para el amado» (2, 16). La esposa lo sabe bien. Sabe que es en su corazón y solo en su corazón donde encuentra descanso y plenitud. Por eso sale en busca afanosa del esposo a quien tanto desea y quien de nuevo se le ha escondido. «¿Habéis visto al amado de mi alma?» (3, 3). Una vez que lo halla, como el alma con hambre de Eucaristía, arrastra al esposo a su alcoba, amando y dando amor, comulgando, gozando la intimidad del amor esponsal (3, 4).

El Amado, primero deseado y luego contemplado, es finalmente poseído en éxtasis amoroso.

Habiendo llegado al culmen de la comunión sacramental, con un contacto cuerpo a cuerpo con Cristo Eucaristía, el amor desencadena una experiencia particular de la belleza, que se centra sobre lo que es visible, pero que envuelve simultáneamente a toda la persona. La experiencia de la belleza engendra la complacencia, que es recíproca.[11]

El lenguaje del cuerpo permea todo el Cantar de los Cantares y se expresa en la fascinación de ambas partes (*cfr.* 4, 1-16). ¡Qué bien entendió Jesús nuestro dialecto! Bien sabía que le necesitábamos de carne para entenderlo y, sin palabras, vivir la experiencia del amor y la belleza con la mutua complacencia.

La comunión eucarística es una invitación a entrar en su Sagrado Corazón y permanecer en Él. No es solo hablar con Jesús, ni solo estar con Él, sino morar en Él, en Su Corazón. Allí entro y allí me quedo.

También Jesús quiere que le abramos todo lo que somos, sin reservarnos nada; también Él quiere entrar a nuestro jardín, el que está reservado y guardado solo para Él, el Esposo, el Dueño y Señor de nuestras vidas. Díselo: «Venga a su huerto, mi amado, a comer de sus frutos exquisitos» (4, 16). Y escúchalo responderte: «Voy a mi jardín, hermana mía, esposa» (5, 1).

Incluso, cuando duerme, la esposa vela soñando en el amado de su alma (*cfr.* 5, 2). Y cuando este de nuevo se ausenta, la esposa sale a

---

[11] San Juan Pablo II, 23 de mayo de 1984.

117

buscarlo y deja dicho por todas partes: «Os conjuro que si encontráis a mi amado, le digáis que desfallezco de amor» (5, 8). Cuando finalmente lo encuentra, exclama: «Yo soy para mi amado, y mi amado para mí» (6, 3; *cfr.* 2, 16). Así es la historia del alma que no puede vivir sin Eucaristía y la de Cristo Eucaristía que no puede vivir sin dársenos todo entero.

Quien se funde en vida con Cristo Eucaristía tiene la promesa de que estará con Él en la vida eterna: «Os conjuro que no despertéis ni inquietéis a mi amada hasta que a ella le plazca» (8, 4; *cfr.* 3, 5).

Sí, díselo, dile que quieres permanecer con Él y en Él para siempre: «Ponme como un sello sobre tu corazón, ponme en tu brazo como sello. Que es fuerte el amor como la muerte» (8, 6).

ORACIÓN AL ÁNGEL DE LA GUARDA

Los ángeles se han puesto de moda: hay películas de ángeles, cursos de angelología, técnicas de «sanación angelical», entrevistas con «angeloterapeutas», etc. Hay mucha confusión en este campo, error, superstición y fanatismo.

> Es preciso reconocer que, a veces, la confusión es grande, con el consiguiente riesgo de hacer pasar como fe de la Iglesia respecto a los ángeles cosas que no pertenecen a la fe o, viceversa, de dejar de lado algún aspecto importante de la verdad revelada.[1]

Los ángeles existen, la Sagrada Escritura habla frecuentemente de ellos y toda la Tradición de la Iglesia es unánime al afirmar su existencia. Están presentes y actúan en nuestro mundo. San Juan Pablo II habló ampliamente de ellos en sus catequesis de julio y agosto de 1986 y el Catecismo de la Iglesia Católica nos ofrece una síntesis de la doctrina de la Iglesia respecto a los ángeles (*cfr.* nn 325-336).

Los ángeles son seres puramente espirituales, no corporales, con inteligencia y voluntad. El cielo es el «lugar» de estas criaturas invisibles

---

[1] San Juan Pablo II, 9 de julio de 1986.

e inmortales que rodean a Dios, que están en su «ambiente» más cercano y que superan en perfección a todas las cosas visibles.

Podemos dirigirles nuestra oración, pedir su protección, agradecer su intervención, entablar una relación de amistad con ellos. Podemos orar y cantar juntamente con ellos, como lo hacemos en cada misa: «Por eso, con los ángeles y los arcángeles y con todos los coros celestiales, cantamos sin cesar el himno de tu gloria: Santo, Santo, Santo...».

Yo tengo la costumbre de dirigirme a mi Ángel de la Guarda al menos tres veces al día: después de ofrecer mi jornada a Dios por la mañana, junto con el saludo a la Santísima Virgen al mediodía y cuando salgo de casa o cuando emprendo un viaje. Me ayudo de esta oración: Ángel del Señor, que eres mi custodio, puesto que la Providencia soberana me encomendó a ti, ilumíname, guárdame, defiéndeme y gobiérname en este día. Amén.

Comento brevemente cada frase de esta oración al ángel de la guarda.

Ángel del Señor

Con estas palabras estás entablando conversación con un ser bellísimo, que está junto a Dios. Allí celebra Su gloria unido a un enorme ejército de ángeles que rinden tributo de alabanza al Creador de parte de todo el mundo creado.

Ellos son los servidores y mensajeros de Dios. Contemplan constantemente el rostro de Dios Padre, que está en los cielos (*cfr. Mt* 18, 10), son «agentes de sus órdenes, atentos a la voz de su palabra» (*Sal* 103, 20)». Podemos imaginárnoslos en adoración y en acción.

San Agustín explica que

> el nombre de ángel indica su oficio, no su naturaleza. Si preguntas por su naturaleza, te diré que es un espíritu; si preguntas por lo que hace, te diré que es un ángel.[2]

Cristo es el centro del mundo de los ángeles, a Él le pertenecen porque fueron creados por Él y para Él (*cfr. Col* 1, 16): «Cuando el Hijo del hombre venga en su gloria acompañado de todos sus ángeles...» (*Mt* 25, 31), y los ha hecho mensajeros de su designio de salvación.

Toda la vida de Jesucristo, desde la Encarnación hasta la Ascensión, está rodeada de la adoración y del servicio de los ángeles. Ellos le acompañan en los momentos clave y en el cumplimiento de su misión redentora.

Cuando Dios introduce a su Hijo en el mundo, dice: «Adórenle todos los ángeles de Dios» (Hb 1, 6). En la anunciación del nacimiento de Jesús, el Arcángel Gabriel, uno de los tres mensajeros en-

---

[2] *Comentario al salmo 103*, 1, 15.

cargados de misiones especiales, juega un papel importante. Otro ángel interviene para dar explicaciones a María y José antes del nacimiento de Jesús. En la Noche Santa de Navidad un ángel da indicaciones a los pastores. Un ángel se encarga de proteger al Niño Jesús ante la persecución de Herodes. Finalmente, aparecen ángeles durante el ayuno de Jesús en el desierto, en su agonía en el huerto de Getsemaní, en la resurrección de Cristo y después de la Ascensión.

Ellos son ángeles del Señor, como lo es el que tienes ahora también junto a ti, al que te estás dirigiendo y que es tu propio ángel de la guarda.

Que eres mi custodio

En una entrevista que Benedicto XVI concedió a Peter Seewald en el año 2001, el Papa dijo que «una de las convicciones más profundas que nos transmite la enseñanza cristiana es creer que Dios nos ha brindado un compañero de camino, que se asigna de manera especial».

El Catecismo explica así lo que es el ángel de la guarda:

Desde su comienzo (*cfr. Mt* 18, 10) hasta la muerte (*cfr. Lc* 16, 22), la vida humana está rodeada de su custodia (*cfr. Sal* 34, 8; 91, 10-13) y de su intercesión (*cfr. Job* 33, 23-24; Za 1,12;Tb 12, 12).

Nadie podrá negar que cada fiel tiene a su lado un ángel como protector y pastor para conducir su vida (San Basilio Magno, *Adversus Eunomium*, 3, 1: PG 29, 656B). Desde esta tierra, la vida cristiana participa, por la fe, en la sociedad bienaventurada de los ángeles y de los hombres, unidos en Dios.[3]

San Bernardo dice de ellos:

Son fieles, son prudentes, son poderosos, ¿por qué angustiarse? Solamente sigámoslos, estemos cerca de ellos y permanezcamos en la protección del Dios del cielo.[4]

Cuánto ayuda saber que tenemos un ángel que nos cuida: «He aquí que yo voy a enviar un ángel delante de ti, para que te guarde en el camino y te conduzca al lugar que te tengo preparado. Pórtate bien en su presencia y escucha su voz, no le seas rebelde...» (*Éx* 23, 20-22).

Una verdad y una compañía así, tan personal, tan bella y tan poderosa, no puede pasar desapercibida ni darse por supuesta. Es maravilloso tener todo el tiempo a nuestro lado a uno de esos ejecutores de las órdenes de Dios que ha recibido la misión de cuidarme y servirme en mi camino al cielo: mientras estamos despiertos y también

---

[3] *CCE*, 336.
[4] *Discurso 12 sobre el Salmo 9*, opera omnia, ed. Cisterc. 4 [1966] 458-462.

durante el sueño, cuando estamos solos o en una reunión, cuando jugamos y cuando rezamos, en las alegrías y en las tristezas, en la luz y en la oscuridad… «Pues te encomendará a sus ángeles para que te guarden en todos tus caminos, y ellos te levantarán en sus palmas para que tus pies no tropiecen en las piedras» (*Sal* 90, 11-12).

Cuando era adolescente, mi director espiritual me aconsejó que me habituara a ver y tratar a mi ángel de la guarda como un amigo al que llevo siempre a mi lado, al cual puedo recurrir en cualquier momento para pedirle que me acompañe, que me guarde de todo peligro, pedirle apoyo, ayuda, consejo…

«Un amigo fiel es una protección segura; el que lo encuentra ha encontrado un tesoro. Un amigo fiel no tiene precio; su valor no se mide con dinero» (*Qo* 6, 14-15).

Al dirigirnos al ángel del Señor, nuestro custodio, hay que hacerlo con gran afecto, con devoción, con ternura, fijando la mirada en su mirada, con sentimientos de profunda confianza, respeto y gratitud por ser nuestro guía y protector personal, el compañero de camino que Dios mismo nos ha asignado.

Con un amigo así da gusto «reportarse» con frecuencia a lo largo del día y de manera natural y espontánea, sin tener que ceñirse a una oración vocal preestablecida.

Puesto que la Providencia soberana me encomendó a ti

Los ángeles tienen una función de mediación y de servicio en las relaciones entre Dios y los hombres, nos enseña San Juan Pablo II.[5] Crece nuestro amor a Dios al saber que la Divina Providencia nos encomendó a los cuidados de un ser que está muy cerca de Él: «Sus ángeles ven de continuo en el cielo la faz de mi Padre, que está en los cielos» (*Mt* 18, 10), que ordenó que me cuidara alguien con una inteligencia extremadamente lúcida, que en la gran prueba eligió a Dios, que es fidelísimo a Él y está volcado hacia Dios con toda la fuerza de su libertad y de su amor.

No estamos solos. Los ángeles son signos de la presencia cercana de Dios. Y para indicar lo que esto supone, Jesús nos advirtió: «Guardaos de menospreciar a uno de estos pequeños; porque yo os digo que sus ángeles, en los cielos, ven continuamente el rostro de mi Padre que está en los cielos» (*Mt* 18, 10).

Las madres que se preocupan por sus hijos tienen aquí a un gran aliado; pueden dirigirse en cualquier momento a sus ángeles de la guarda para pedirles que los guíen, los acompañen y los protejan. Lo mismo pueden hacer los novios con sus novias y viceversa, los trabajadores con sus compañeros, los sacerdotes con sus fieles.

---

[5] Cfr. Audiencia general, 30 de julio de 1986.

Para ver lo que cada uno de nosotros vale a los ojos de Dios y lo que la Divina Providencia trabaja por nosotros, ayuda leer la famosa «Antigua homilía sobre el grande y Santo Sábado» que después de describir todo lo que Cristo, Verbo Encarnado, hizo por nosotros, hace referencia al ángel que nos sirve. Reproduzco varios párrafos, pues se trata de un texto verdaderamente bello y de los más conmovedores que conozco:

> Por ti, yo, tu Dios, me he hecho tu hijo; por ti, yo, tu Señor, he revestido tu condición servil; por ti, yo, que estoy sobre los cielos, he venido a la tierra y he bajado al abismo; por ti, me he hecho hombre, semejante a un inválido que tiene su cama entre los muertos; por ti, que fuiste expulsado del huerto, he sido entregado a los judíos en el huerto, y en el huerto he sido crucificado.
>
> Contempla los salivazos de mi cara, que he soportado para devolverte tu primer aliento de vida; contempla los golpes de mis mejillas, que he soportado para reformar, de acuerdo con mi imagen, tu imagen deformada; contempla los azotes en mis espaldas, que he aceptado para aliviarte el peso de los pecados, que habían sido cargados sobre tu espalda; contempla los clavos que me han sujetado fuertemente al madero, pues los he aceptado por ti, que maliciosamente extendiste una mano al árbol prohibido.
>
> Dormí en la cruz, y la lanza atravesó mi costado, por ti, que en el paraíso dormiste, y de tu costado diste origen a Eva. Mi costado ha curado el dolor del tuyo. Mi sueño te saca del sueño del

abismo. Mi lanza eliminó aquella espada que te amenazaba en el paraíso.

Levántate, salgamos de aquí. El enemigo te sacó del paraíso; yo te coloco no ya en el paraíso, sino en el trono celeste. Te prohibí que comieras del árbol de la vida, que no era sino imagen del verdadero árbol; yo soy el verdadero árbol, yo, que soy la vida y que estoy unido a ti. Coloqué un querubín que fielmente te vigilara; ahora te concedo que el querubín, reconociendo tu dignidad, te sirva.[6]

En la liturgia del 2 de octubre, memoria de los ángeles custodios, la Iglesia nos ofrece el Salmo 90 que describe los motivos por los cuales hemos de recurrir a nuestro ángel de la guarda para pedirle ayuda:

Que sus ángeles te cuiden en todos tus caminos.
Tú que vives al amparo del Altísimo y resides a la sombra del Todopoderoso, di al Señor: «Mi refugio y mi baluarte, mi Dios, en quien confío».

Él te librará de la red del cazador y de la peste perniciosa; te cubrirá con sus plumas, y hallarás un refugio bajo sus alas.

No temerás los terrores de la noche, ni la flecha que vuela de día, ni la peste que acecha en las tinieblas, ni la plaga que devasta a pleno sol.

No te alcanzará ningún mal, ninguna plaga se acercará a tu carpa, porque él te encomendó a sus ángeles para que te cuiden en todos tus caminos.

---

[6] PG 43, 439, 451, 462-463.

Realmente tenemos motivos de sobra para vivir y remar mar adentro llenos de confianza...

Ilumíname, guárdame, defiéndeme y gobiérname en este día

Jesucristo dice que los ángeles serán testigos en el juicio final: «A quien me confesare delante de los hombres, el Hijo del hombre le confesará delante de los ángeles de Dios. El que me negare delante de los hombres, será negado ante los ángeles de Dios» (*Lc* 12, 8-9; *cfr. Ap* 3, 5). Y el Papa San Juan Pablo II comenta que «estas palabras son significativas porque si los ángeles toman parte en el juicio de Dios, están interesados en la vida del hombre»[7]. «¿Es que no son todos ellos espíritus servidores con la misión de asistir a los que han de heredar la salvación?» (*Hb* 1, 14).

Por eso debemos pedir a nuestro ángel custodio: Tú que tienes por misión divina conducirme a la casa del Padre y habitar allí para siempre, ilumíname en mis decisiones, guárdame de todo mal, defiéndeme de las asechanzas del demonio y de mis enemigos, gobiérname para que obre en todo conforme a la voluntad de Dios.

Hemos de hacerlo con absoluta confianza de que nuestra oración será escuchada: «el ángel particular de cada cual, aun de los más insignifi-

---

[7] Catequesis del 6 de agosto de 1986.

cantes dentro de la Iglesia... une su oración a la nuestra y colabora, según su poder, a favor de lo que pedimos».[8]

En el Nuevo Testamento tenemos constancia de cómo el ángel de Dios ayudó a Pedro cuando estaba amenazado de muerte (Act 12, 5-10), a los apóstoles los liberó de la prisión (Act 5, 18-20) y guió a Pedro y a Felipe en su ministerio apostólico (*cfr.* Act 10, 3-8; 11,12-13; Act 8, 26-29). Así nos ayuda y nos ayudará también a nosotros.

No es difícil experimentar la presencia y la protección del ángel de la guarda, su intervención y colaboración en tantas ocasiones, especialmente en la oración, el servicio a los hermanos y la evangelización: «Los ángeles cooperan en toda obra buena que hacemos».[9]

Como sabemos, a veces es provechoso utilizar variantes de las oraciones vocales para ayudarnos a renovar el sentido y las actitudes con que rezamos. Por ello, ofrezco otra oración al Ángel de la Guarda, esta es de San Juan Berchmans:

Ángel Santo, amado de Dios, que después de haberme tomado, por disposición divina, bajo tu bienaventurada guarda, jamás cesas de defenderme, de iluminarme y de dirigirme: yo te venero como a protector, te amo como a custodio; me someto a tu dirección y me entrego todo a ti, para ser

---

[8] Orígenes, *Sobre la oración* XI, 1-5. (53) Vis, 5, 1-4.
[9] Santo Tomás de Aquino, *Suma Teológica*, I-II, q. 114, 3, ad 3.

gobernado por ti. Te ruego, por lo tanto, y por amor a Jesucristo te suplico, que cuando sea ingrato para ti y obstinadamente sordo a tus inspiraciones, no quieras, a pesar de esto, abandonarme; antes al contrario, ponme pronto en el recto camino, si me he desviado de él; enséñame, si soy ignorante; levántame, si he caído; sostenme, si estoy en peligro y condúceme al cielo para poseer en él una felicidad eterna. Amén.

Orar la vida. El examen diario

Orar la vida

Los laicos de nuestros días viven acelerados, de prisa, con cantidad de compromisos que con frecuencia no quieren, no les gustan, sometidos a rutinas diarias que ya resultan tediosas y monótonas, todo es no parar. Son generosos en darse, se entregan sin descanso, y muchas veces nadie les ofrece una palabra de reconocimiento ni de gratitud, a veces incluso terminan pensando que pierden el tiempo, con cierta sensación de sinsentido: tanto afán para qué será... Una vida así provoca estrés, cansancio, tal vez desazón y sensación de soledad.

Se preguntan: ¿cómo mantener la unión con Dios en medio de una vida tan intensa? Tienen que andar en los quehaceres de Marta aunque quisieran ser un poco más como María (*cfr. Lc* 10, 38-42). A veces sus pastores les invitan a un estilo de oración como el de un sacerdote o un alma consagrada y esto les provoca muchas frustraciones. ¿Qué hacer? ¿Cómo afrontar las exigencias y condiciones de la vida laical y vivir en unión con Dios?

Cada día me convenzo más de que Dios concede a los laicos una facilidad especial para encontrarle en su vida ordinaria y allí cultivar una relación de amistad con Él. Este talento es un tesoro al que hay que sacarle provecho.

En cualquier sitio, en todo tiempo, en los acontecimientos más comunes de cada día, el Espíritu Santo se nos ofrece para que brote la oración[1]. Para quien está todo el día ocupado en las múltiples responsabilidades de su vida estudiantil, laboral y familiar, es una necesidad y un gusto «impregnar de oración las humildes situaciones cotidianas»[2]. Esto requiere formar un hábito, el hábito de caminar de la mano de Dios, de llevarlo a todas partes, de descubrir su presencia en todo y recordarlo con frecuencia.

Lo que queremos en definitiva es hacer la voluntad de Dios. Pero estando ocupados en tantas tareas aparentemente intrascendentes, ¿podemos complacer a Dios? Servir y amar a Dios equivale a vivir según Su voluntad. Cumplir la voluntad de Dios no corresponde solo a las grandes decisiones y opciones de vida, sino que abarca también el quehacer cotidiano, donde el Espíritu nos modela pacientemente y nos santifica. Es en lo pequeño, en lo muy pequeño, donde el Artista divino embellece nuestras almas. Las grandes obras de arte no se pintaron a brocha gorda, sino a base de pinceladas maestras; no se esculpieron a golpes de martillo sino de cincel. Se trata de vivir cada día y cada

_____

1   *CCE*, 2659.
2   *CCE*, 2660.

momento presente como buen hijo de Dios, buen discípulo de Jesús y templo del Espíritu Santo.

No debemos caer en el error de manejar en paralelo la oración y el resto de la jornada, como si se tratara de ocupaciones diversas e incluso divergentes. Es necesario armonizarlo todo, integrarlo, orar la vida. No se trata de hacer oración, sino de ser personas orantes, hombres y mujeres de Dios. Para formar el hábito de orar la vida y para buscar la propia santificación haciendo la voluntad de Dios cada día, ayuda mucho el examen o balance del día. Pero antes de explicar qué es y cómo se hace, me detendré en algunas consideraciones que me parecen importantes para comprender y valorar su sentido.

Remontar la fuente

Uno de los textos más hermosos y profundos que conozco de San Juan Pablo II es la serie de poemas contenida en su Tríptico Romano. A través del símbolo del agua que corre, contempla las criaturas, la existencia, los eventos de cada día: «La bahía del bosque baja a ritmo de arroyos de montaña»; «por cada cuesta va bajando todo lo que arrastra la cascada argentina del torrente, que cae rítmicamente desde las alturas llevado por su propia corriente.»

A todas las cosas «les bastaba existir para ir pasando. El hombre iba de paso junto a ellos en la onda de los asombros». Pero el hombre no puede vivir superficialmente, debe ir a fondo, en busca de sentido: «¿Qué me dices, arroyo de montaña? ¿En qué lugar te encuentras conmigo? Conmigo que también voy de paso». Tiene que detenerse, reflexionar, gustar, asombrarse, contemplar... «Los bosques bajan silenciosamente al ritmo del torrente, pero el hombre se asombra». «Déjame parar aquí, déjame parar en el umbral».

Y desde el asombro, el hombre puede ir a fondo, entrar al corazón profundo: «al asombrarse, seguía surgiendo desde esta onda que lo llevaba como si estuviera diciendo alrededor: ¡Para! En mí tienes el puerto, en mí está el sitio del encuentro con el Verbo eterno. ¡Para! Este pasar tiene sentido, tiene sentido, tiene sentido, tiene sentido». Y a partir de todo lo que pasa cada día, puede descubrir la presencia de Dios que se asoma: «En ese ritmo te me revelas, Verbo eterno».

Pero no es fácil, el hombre tiene que superar la inercia, escudriñar los signos de la historia, volver a Dios a través de las mismas cosas y acontecimientos que van pasando, remontar, nadar contra corriente hasta dar con el origen: «Si quieres la fuente encontrar, tienes que ir arriba, contra la corriente. Empéñate, busca, no cedas, sabes que ella tiene que estar aquí. ¿Dónde estás, fuente? ¡Dónde estás, fuente!» «¡Arroyo, arroyo de bosque, déjame ver el misterio de tu principio!»

«El silencio... ¿por qué callas?» La voz de Dios no siempre es evidente, es necesario afinar el oído y aprender a escuchar y discernir la voz sutil del silencio, como Elías en el Monte Horeb. Ya estando con Él, suplicarle con ardor que nos permita besarlo, escucharlo, recibirlo: «Déjame mojar los labios en el agua de la fuente, sentir la frescura, la frescura vivificante».

Reproduzco completa esta parte del Tríptico Romano, para que lo disfrutes sin interrupciones:

1. Asombro

La bahía del bosque baja
al ritmo de arroyos de montaña,
en este ritmo Te me revelas,
Verbo Eterno.
Qué admirable es Tu silencio
en todo desde que se manifiesta
el mundo creado...
que junto con la bahía del bosque, por cada
    cuesta va bajando...
todo lo que arrastra la cascada argentina
    del torrente
que cae rítmicamente desde las alturas,
llevado por su propia corriente...
—llevado, ¿adónde?
¿Qué me dices, arroyo de montaña?
¿En qué lugar te encuentras conmigo?
Conmigo, que también voy de paso, semejante
    a Ti..., semejante a Ti.
¡Déjame parar aquí! ¡Déjame parar en el umbral!

He aquí uno de los asombros más sencillos,
al caer, el torrente no se asombra,
y los bosques bajan silenciosamente al ritmo
    del torrente, pero...
El hombre se asombra, el umbral en que el
    mundo lo traspasa,
es el umbral del asombro.
 Antaño, a este asombro lo llamaron: Adán.
Estaba solo en este asombro, entre los seres que
    no se asombraban,
les bastaba existir para ir pasando.
El hombre iba de paso junto a ellos, en la onda
    de los asombros...
Al asombrarse, seguía surgiendo
desde esta onda que lo llevaba,
como si estuviera diciendo alrededor:
"¡Para! —en mí tienes el puerto",
"en mí está el sitio del encuentro
con el Verbo Eterno".
"¡Para, este pasar tiene sentido,
tiene sentido... tiene sentido...
    tiene sentido...!"

2. Fuente

La bahía del bosque baja
al ritmo de arroyos de montaña...
Si quieres la fuente encontrar,
tienes que ir arriba, contra la corriente.
Empéñate, busca, no cedas,
sabes que ella tiene que estar aquí.
¿Dónde estás, fuente? ¡Dónde estás, fuente!
El silencio...
¡Arroyo, arroyo de bosque,

déjame ver el misterio
de tu principio!
(El silencio, ¿por qué callas?
¡Con qué esmero has escondido el misterio
    de tu principio!).
Déjame mojar los labios
en el agua de la fuente,
sentir la frescura,
la frescura vivificante.

El examen diario

Es en el contexto del asombro y de la búsqueda, de la sed del que anhela el agua viva, del hombre que quiere tocar a Dios en su vida cotidiana remontando la fuente hasta su origen, que podemos aproximarnos a un medio muy provechoso: el examen diario.

¿Qué es el examen?

Es hacer memoria y que todo te recuerde a la persona amada: Cristo Redentor. Es contemplar todo con amor y descubrir el modo de vivir al estilo de Cristo. Es escuchar al Espíritu Santo en tu historia de cada día. Es una oración sobre tu vida. Es una revisión de tu jornada para allí encontrarte con Dios. Es una forma de oración en la que buscas la presencia y la acción del Espíritu Santo en tu vida.

Es llevar ante Dios la historia del día recién transcurrido, contársela y contemplar su presencia.

¿Cómo se hace el examen?

Más que un método en que importen mucho los pasos, importan las actitudes: actitud de escucha, de gratitud, de docilidad, de obediencia, de confianza, de abandono, de correspondencia.

El examen parte de un enfoque teologal antes que moral. Más que emitir un juicio sobre los propios actos, se trata de sondear la presencia de Dios en ellos.

La pregunta que tratas de responder en el examen o balance del día es: Señor, ¿qué quieres de mí? ¿Cómo puedo vivir más conforme a Cristo? ¿Qué me estás revelando a través de las experiencias, las personas, los sentimientos y acontecimientos?

La pregunta no es: ¿qué he hecho bien o mal el día de hoy? No es un examen de conciencia como el que se hace para preparar la confesión.

1. Pide luz al Espíritu Santo

Serenas tu alma, buscas silencio y quietud exterior e interior. Puedes cerrar los ojos, contemplar un crucifijo, una imagen de María o el paisaje. Puedes arrodillarte, sentarte o caminar. Lo que más te ayude. Te dispones a compartir con el Espíritu Santo lo que has vivido en el día y a preguntarle qué ha querido decirte.

«¿Quién conoce lo íntimo del hombre, dice el Apóstol, sino el espíritu del hombre, que está dentro de él? Pues lo mismo, lo íntimo de Dios lo conoce solo el Espíritu de Dios» (1 *Co* 2, 11).

Invocas al Espíritu Santo para pedirle que te ayude a reconocer dónde y cómo se te ha hecho presente durante el día, los mensajes que te ha enviado, los caminos que te ha mostrado, las invitaciones que te ha hecho.

Esta súplica puedes hacerla espontáneamente o ayudándote de una oración como esta:

Ven, Espíritu Santo. Llena los corazones de tus fieles y enciende en ellos el fuego de tu amor. Envía tu Espíritu Creador y renovarás la faz de la tierra.

Oh Dios que has iluminado los corazones de tus hijos con la luz del Espíritu Santo, haznos dóciles a sus inspiraciones para gustar siempre el bien y gozar de sus consuelos, por Cristo Nuestro Señor. Amén.

Le estás pidiendo que con su luz te permita ver con la mirada de la fe. Que llene tu corazón de su presencia y de sus dones. Que te llene de su amor. Que te ayude a conocer la voluntad de Dios. Que te modele a semejanza de Cristo. Le pides también que te conceda generosidad para ser dócil a lo que Él te indique.

Puedes apropiarte también las palabras del Salmo 24: «Señor, descúbreme tus caminos».

2. Identifica y agradece los dones del día

Haz un repaso del día: actividades, experiencias, encuentros con personas, conversaciones, lecturas, noticias, trabajos, sentimientos, comportamientos, actitudes, oraciones, inspiraciones del Espíritu Santo, etc. Es normal que haya días más intensos, con experiencias más significativas, y días aparentemente neutros o incluso obscuros.

Haz un elenco de todos los beneficios y regalos recibidos. Hazlo cada día. Algún día puede servirte esta oración:

Padre:
Gracias por el don de la existencia.
Gracias por haberme hecho a tu imagen y semejanza.
Gracias por el don gratuito de tu amor, gracias por amarme como soy.
Gracias porque me has dado ojos para ver,
oídos para escuchar, manos para acariciar,
inteligencia para conocer la verdad, voluntad para buscar el bien, corazón para amar y para hacerlo tu morada.
¡Mi corazón: templo de la Trinidad! ¡Cosa maravillosa!
Gracias por la capacidad de asombro que me diste.
Gracias por mis padres, por mi familia, por tener un hogar que me cobija.

Gracias por los amigos fieles y también por los que me han hecho sufrir.

Gracias por los tiempos dolorosos de mi vida,

por dejarme sentir la soledad para venir luego a colmarla con tu misericordia.

Gracias por quienes rezan por mí.

Gracias por la vocación y misión que me confiaste.

Gracias por haber puesto tu mirada en mí, gracias por confiar en mí.

Gracias por tantas experiencias bellas de mi vida.

Gracias sobre todo por la experiencia del amor de Cristo.

Gracias por haberlo enviado a vivir con nosotros como uno de nosotros, para revelarnos tu rostro, redimirnos y trazarnos el camino.

Nos amó hasta el extremo,

nos dio como Madre a María Santísima,

se quedó para siempre en la Eucaristía,

y al final nos entregó a su mismo Espíritu, fuente del mayor consuelo.

Gracias por mi bautismo, por mi Madre la Iglesia, por mi ángel de la guarda y por esperarme con los brazos abiertos en el cielo.

Gracias por tu paciencia conmigo.

Gracias por perdonarme siempre y por seguirme amando sin guardar resentimientos.

Gracias por la vida y por la eternidad que me espera.

Una y mil veces: ¡Gracias, Padre!

Dale las gracias por todo ello, especialmente por las lecciones aprendidas, las luces recibidas, las oportunidades para ayudar a otros, los bellos momentos, los logros, los fracasos, los momentos en que sentiste Su presencia…

Ve cuáles han sido tus actitudes, sentimientos y experiencias interiores: confianza, entrega, servicio, libertad, gratitud… Pregúntate qué te han sugerido estos movimientos internos del alma. Contempla la acción de Dios en las personas, las obras y los acontecimientos. Pregúntale al Espíritu Santo qué te está diciendo, qué te está pidiendo. A través de los signos de su presencia, busca su rostro, escucha su palabra.[3]

Ofrécele tus esfuerzos, cansancios, sufrimientos. Dile que todo lo haces por amor a Él queriendo cumplir su Santísima Voluntad.

Hay personas a quienes les ayuda poner todo esto por escrito y tras unas semanas o meses volver sobre lo escrito. Así se puede tener una mirada amplia del modo en que el Alfarero, el Espíritu Santo, se va manifestando y nos va modelando.

3. Reconoce tus fallas, pide perdón y renueva tu confianza

Piensa en los errores, descuidos o faltas que tuviste, especialmente aquellas que afectan a los demás. Puede tratarse de sentimientos, acciones, pensamientos, actitudes, omisiones…

---

[3]   *CCE*, 2657.

Pide perdón a Dios, toma la resolución de pedir perdón a quienes ofendiste, perdona a quienes te hicieron daño.

Si el día ha estado pesado o los golpes recibidos han sido dolorosos, pídele al Espíritu Santo que Él sea el descanso en tu fatiga, la tregua en tu duro trabajo, bálsamo para tus heridas.

Renueva tu confianza en Dios y abandónate en su Divina Misericordia.

4. Saca conclusiones y resoluciones

Pídele al Espíritu Santo que te muestre el camino para dejar que más y más sea Cristo quien viva en ti, quien piense en ti, quien sienta en ti, quien obre en ti. Pregúntale qué quiere que hagas, cuál es la Voluntad de Dios para ti, cómo puedes agradarle más.

No es necesario sacar un propósito nuevo cada día; lo ordinario será renovar los propósitos y resoluciones ya asumidas.

Ofrecerle el día de mañana y pídele fuerza para seguir avanzando por el camino de la Voluntad de Dios.

Puedes concluir con otra oración al Espíritu Santo:

Espíritu Santo, inspírame lo que debo pensar, lo que debo decir, lo que debo callar, lo que debo escribir, lo que debo hacer, cómo debo obrar para procurar el bien de los hombres, el cumplimiento de la misión y el triunfo del Reino de Cristo.

O puedes valerte también de esta oración del Cura de Ars:

> Te amo, Dios mío, y mi único deseo es amarte hasta el último suspiro de mi vida. Te amo, Dios mío infinitamente amable, y prefiero morir amándote a vivir sin amarte. Te amo, Señor, y la única gracia que te pido es amarte eternamente [...] Dios mío, si mi lengua no puede decir en todos los momentos que te amo, quiero que mi corazón te lo repita cada vez que respiro.[4]

¿Cuándo se hace el examen?

Se recomienda hacerlo todos los días al final de la jornada, por espacio de unos 5-10 minutos. Si no lo haces todos los días, ojalá al menos quieras hacerlo una vez por semana por un tiempo un poco más amplio.

¿Para qué sirve?

Para contemplar nuestro día y nuestra vida en la presencia de Dios, acoger la gracia del Espíritu Santo que quiere que en nuestra existencia resplandezca el hombre nuevo, ser como Cristo.

---

[4] San Juan María Vianney, *Oratio, Le Curé d'Ars. Sa pensée-son coeur*, p. 45.

San Ignacio de Loyola le daba tanta importancia que decía que podría faltar tiempo para la meditación diaria, pero no para el examen.

TOCAR A DIOS

Solo los buscadores encuentran y escuchan a Dios. Moisés se acercó con interés a la zarza ardiente y Dios le llamó por su nombre (*cfr. Ex* 3, 4). Los Reyes Magos y los discípulos de Emaús eran buscadores, como Moisés, y Jesús se les reveló. Dios se revela a quien le busca con interés, a quien se acerca con mirada de fe a las realidades más comunes y ordinarias de la vida cotidiana: unas llamas de fuego, una estrella, el gesto de partir el pan…

La gloria de Dios se desbordó en toda la creación. Donde quiera que haya ser, verdad, bondad y belleza, allí está el Espíritu de Dios. Todo lo que existe está permeado por el Agua, el Aire y el Fuego del Espíritu. Dios vivo se entrega a través de signos sencillos. Para el corazón contemplativo que acoge al Espíritu que habita en todas partes: el fuego se convierte en Luz, la brisa en Amor, el agua en Vida.

Un día Jesús caminaba rodeado de multitudes. Se dirigía a la casa de Jairo, jefe de la sinagoga. De pronto sintió que una fuerza curativa se desprendía de Él y se derramaba sobre alguien. Una mujer le había tocado. Una mujer enferma desde hacía años, le había rozado con fe. Y le había arrebatado así, suavemente, todo el poder de Su misericordia. Así como la fuerza curativa de Jesús se desbordó en la hemorroísa (*cfr. Mc* 5, 27-28), de igual manera la presencia del Espíritu Santo se revela en los millones de zarzas ardientes que encontramos cada día a lo largo del camino. Si nos acercamos con fe. La voz del Espíritu es escuchada por quien la acoge y la interioriza, por quien le reserva un espacio de silencio en su corazón.

La Presencia y la Palabra no pueden ser captadas con primeras miradas ni con oídos superficiales. Por eso nuestra súplica insistente debe ser: «¡Dame, Señor, un corazón que escucha!» (1 *Re* 3, 9). Hemos de pedir al Espíritu Santo que nos conceda el don de ciencia, para mirarlo todo de una manera más amplia y más profunda. Que veamos la vanidad de las cosas y la elocuencia de los signos. Que el cúmulo de acontecimientos y sentimientos de la vida cotidiana no sean la arena movediza que ahoga y paraliza el espíritu, sino señas y peldaños para subir a Dios.

El mundo está pintado de verde. El icono de la Trinidad, de Rublev, presenta al ángel de la derecha, el Espíritu Santo, con un manto verde. El verde es símbolo de vida y frescura. El Espíritu Santo es la eterna primavera. Y en el mismo icono, el suelo, el mundo, se viste también de verde. Estamos en el tiempo del Espíritu. El Espíritu aletea hoy sobre las aguas (*cfr. Gn* 2, 1) de nuestra historia. Allí nos sale al encuentro y allí nos habla.

El mundo está impregnado de la unción del Espíritu Santo. Para el «corazón que escucha» todo es emanación de Su fragancia, especialmente el prójimo. El buen olor de Cristo (*cfr. 2 Cor* 2, 15) está escondido en tantas personas que tratamos. En la Trinidad del pseudo Atanasio leemos que «El Espíritu es el perfume de Cristo y por ello los apóstoles que son templo del Espíritu, son también ellos el buen olor de Cristo». El cristiano que quiere recibir el río de savia procedente de la Fuente debe permanecer unido a la Vid en medio del quehacer diario; si no, se seca (*cfr. Jn* 15, 4). ¿En qué consiste esto? En actuar las virtudes teologales, educar la mirada y afinar el oído para hallarlo en todo. Los sucesos exteriores y los sentimientos interiores, muchos o pocos que sean, más o menos intensos, comunes o especiales, están llamados a ser medios a través de los cuales conozcamos el amor de Dios, estemos con Él, le escuchemos y le amemos. Allí se nos ofrece el Espíritu Santo para que brote la oración.

Cuando miramos a las personas con fe y caridad, percibimos Su fragancia. Las virtudes teologales son la llave que abre el frasco del ungüento espiritual y el olfato que disfruta Su perfume. No podemos dejar pasar desapercibida la unción que distingue a tantas personas. No es difícil reconocerlo a Él a través de sus palabras, sus gestos, sus obras... Es el Espíritu Santo que se nos da por su conducto, que es para ellas y quiere ser también para nosotros el compañero inseparable en el camino. No actuar las virtudes teologales en la vida ordinaria es como andar por un huerto en primavera con los ojos cubiertos y la nariz y los oídos tapados. Disfruta de la Eterna Primavera quien abre por completo las ventanas. También respiras al Espíritu de Dios cuando sales a pasear por el mundo, a sentir su brisa y probar sus frutos. Luego, hay que llevarlo dentro y saborearlo a solas con Él. No recogerse durante el día en la morada de Dios que somos nosotros mismos, es perderse el gusto de gozar el amor de Dios que ha sido derramado en nuestros corazones por el Espíritu Santo que nos ha sido dado (*cfr. Rom* 5, 5).

El Esposo anda todo el día en busca de la esposa: «Es fuerte el amor como la muerte; es centella de fuego, llamarada divina» (*Ct* 8, 6). El fuego de su amor sigue ardiendo en las personas, en las cosas, en los propios sentimientos y en los acontecimientos de nuestra historia; quiere penetrar nuestra existencia como el fuego en el hierro incandescente.

Dios pidió a Santa Matilde de Hackeborn: «Búscame con tus cinco sentidos». Y ella pudo ver «a la Santísima Trinidad en figura de un manantial vivo que manaba desde sí mismo sin inicio, que abrazaba en sí a todas las cosas y que, fluyendo con maravilloso encanto, sin disminuir en sí mismo sino permaneciendo inmutado, regaba y hacía fructificar la totalidad de las cosas».

Por ello nos exhorta: «El alma debe buscarlo en todas las cosas que él ha creado hasta encontrarlo y en esto experimenta algo de la suavidad y de la dulzura de Dios».

También a Ignacio de Loyola, le alcanzó esta experiencia de Dios. Un día en que San Ignacio se sentó junto al río Cardoner, el Espíritu Santo le inspiró la «Contemplación para alcanzar amor» con que culminan los ejercicios espirituales.

San Ignacio nos invita a contemplar todas las cosas como dones de Dios, a ver cómo viene Él personalmente a entregárnoslos, cómo trabaja Dios en todas ellas por nosotros y cómo todo nos habla de Él. Aprender a vivir así nos permite amar a Dios en todas las cosas y amar las cosas en Él. Esto es ser contemplativo en la acción.

Ver el amor de Dios en todos los beneficios recibidos, porque todos ellos descienden de lo alto (*cfr. Stgo* 1, 16-17) y a través de ellos podemos experimentar la ternura del Padre que nos abraza. Dios se transparenta en sus dones. Cada criatura es participación de la plenitud y de la belleza de Dios; nos habla de Él.

Y como «en Él vivimos, nos movemos y existimos» (Act 17, 28) también podemos percibir y gustar la presencia de Dios en todo. Dios habita en su creación. Es un Dios cercano que trabaja por mí en todas las cosas. Dios, Señor de la Historia, es un servidor humilde que trabaja por nuestro bien en el gobierno del universo. Esta acción de

Dios es lo que llamamos Divina Providencia. El Espíritu Santo nos revela esta acción de Dios para que nos percatemos de lo mucho que nos ama.

Y así la vida activa se vuelve contemplativa. Para el contemplativo en la acción, tantas cosas banales de la vida se convierten en fuentes generosas del Amor de Dios: «Si alguno tiene sed, venga a mí y beba el que crea en mí. De su seno correrán ríos de agua viva» (*Jn* 7, 37-38).

En la canonización de Santa Faustina, San Juan Pablo II dijo:

> [Contemplar] sobre todo la herida de su Corazón, fuente de la que brota la gran ola de misericordia que se derrama sobre la humanidad. La misericordia divina llega a los hombres a través del Corazón de Cristo crucificado: Hija mía, di que soy el Amor y la Misericordia en persona.[5]

El Espíritu Santo es como una corriente de vida que «ha sido derramado en nuestros corazones» (*cfr. Rom* 5, 5) y que impregna toda la historia. Si te acercas para escuchar, percibirás los latidos de ese Corazón traspasado que sigue derramando a borbotones su río de gracia.

Retorna entonces el eco de aquellos versos de San Juan Pablo II: empéñate en remontar la fuente…

---

[5]   30 de abril de 2000.

LAS JACULATORIAS

Un recurso para mantener vivo el contacto con Dios son las jaculatorias, mejor aún si son extraídas de los Salmos. Los recuerdos nutren los afectos. Los afectos cultivan el amor. Traer al recuerdo a la persona amada es para el corazón como leña que alimenta el fuego. Los afectos suscitados por los recuerdos nos permiten ser nosotros mismos la leña que se consume. En el trato con Dios nos ayudamos también de recuerdos y afectos para avivar la llama del amor. La llama es el Espíritu Santo. Lo que buscamos es la identificación con Él, arder con Él, que Él arda en nosotros; quemar madera, es decir: quemarnos dejándonos que nos queme.

ORAR CON LOS SALMOS

Los salmos son un gran medio para poner esto en práctica. Nos traen a la memoria el gran amor de Dios. Suscitan en nosotros afectos con los que le dirigimos nuestra oración.

Los salmos, plegaria de hombre y palabra de Dios, contienen abundantes expresiones que podemos apropiar: se identifican con nuestras circunstancias, necesidades y sentimientos, y nos ayudan a hacer propias las actitudes del salmista que agradan a Dios. Cristo mismo oró con los salmos.

Orar con salmos durante el día es como dejar que el Espíritu Santo, que inspiró los salmos, ore en nosotros soplando en las brazas del corazón para mantenerlas vivas.

Una de las formas de orar con jaculatorias es hacer la propia selección de frases de los salmos, meditarlas y recordarlas durante el día. Para ello, podemos tomar la Biblia, leer en orden todos los salmos e ir subrayando las frases que más nos gusten y ayuden. O bien, podemos tomar la liturgia de cada día, detenernos en el salmo e ir haciendo poco a poco la propia colección. Al final terminaremos con una lista de frases selectas que haremos materia de estudio y meditación, en las que al recordarlas y pronunciarlas en el futuro, hallemos una especial resonancia.

A modo de ejemplo, ofrezco una selección de invocaciones de los salmos.

Señor, apiádate de mí (Salmo 57).

El Señor es mi luz y mi salvación, ¿quién me hará temblar? (Salmo 27).

Acuérdate, Señor, que tu amor y tu ternura son eternos (Salmo 25).

Busca en Dios tu alegría y Él te dará cuanto deseas (Salmo 37).

Misericordia, Señor, hemos pecado (Salmo 51).

Crea en mí, Señor, un corazón puro (Salmo 51).

No me alejes, Señor, lejos de ti (Salmo 51).

El Señor es fiel a su palabra (Salmo 146).

Señor, que no seamos sordos a tu voz (Salmo 95).

Señor, tú eres mi esperanza (Salmo 71).

El Señor es mi defensa (Salmo 3).

Protégeme, Señor, porque te amo (Salmo 86).

El corazón me dice que te busque (Salmo 27).

No me abandones ni me dejes solo (Salmo 27).

El Señor es mi pastor, nada me falta (Salmo 23).

Nada temo porque tú estás conmigo (Salmo 23).

Señor, tu amor perdura eternamente (Salmo 138).

Qué agradable, Señor, es tu morada (Salmo 84).

A quien en Él confía, Dios lo salva (Salmo 37).

Tú eres, Señor, nuestro refugio (Salmo 90).

Nuestra vida es tan breve como un sueño
(Salmo 90).

Se olvidaron del Dios que los salvó (Salmo 106).

Abre mis ojos para ver las maravillas de tu voluntad
(Salmo 119).

Enséñame a cumplir tu voluntad (Salmo 119).

Sufrir fue provechoso para mí (Salmo 119).

Señor, que tu amor me consuele (Salmo 119).

Tu amor, Señor, me conservó la vida (Salmo 94).

El Señor ha mirado la tierra desde el cielo
(Salmo 102).

Cuando acudí al Señor me hizo caso (Salmo 34).

Me libró de todos mis temores (Salmo 34).

El Señor es compasivo y misericordioso
(Salmo 103).

Sáname, Señor, porque he pecado contra ti
(Salmo 41).

Apiádate de mí, Señor, te lo suplico (Salmo 41).

Haz, Señor, que siempre te busque (Salmo 19).

Descarga en el Señor lo que te agobia (Salmo 55).

Que solo viva, Señor, para alabarte (Salmo 119).

La misericordia del Señor dura para siempre
(Salmo 103).

Nadie puede comprar su propia vida (Salmo 49).

La vida del hombre es como la hierba (Salmo 103).

En ti, Señor, están puestos mis ojos (Salmo 141).

Solo en Dios he puesto mi confianza (Salmo 62).

Desahoga tu corazón en su presencia (Salmo 62).

Dios salva al que cumple su voluntad (Salmo 50).

Que tu amor venga pronto a socorrernos
(Salmo 79).

La palabra del Señor es sincera (Salmo 33).

Él fue quien me hizo y somos suyos (Salmo 100).

Señor, mi alma tiene sed de ti (Salmo 63).

Señor, todo mi ser te añora (Salmo 63).

Mejor es tu amor que la existencia (Salmo 63).

Sálvame por tu misericordia (Salmo 31).

Clamaste en la aflicción y te libré (Salmo 81).

No tendrás otro Dios fuera de mí (Salmo 81).

Tú eres mi Dios y en ti confío (Salmo 91).

Tú me conoces y me amas (Salmo 91).

Cuando me invoques, yo te escucharé (Salmo 91).

En tus angustias estaré contigo (Salmo 91).

A ti, Señor, levanto mi alma (Salmo 25).

Tú conoces mi vida (Salmo 119).

¿Cómo te pagaré todo el bien que me has hecho? (Salmo 115).

Cada uno puede elegir las que más le gusten, en las que encuentre mayor resonancia y que mejor respondan a sus necesidades de cada momento.

Conclusión

Espero que esta guía práctica te ayude a sacarle brillo a las oraciones que seguramente ya conocías, a ir más allá de las palabras y los pensamientos cuando estés con Dios. Conociendo el sentido de las oraciones básicas, podrás meditarlas y contemplarlas: te llevarán a gustar la belleza del amor de Dios. Si rezas estas oraciones y si oras cuando las reces, tu vida será diferente: se llenará de Vida y encontrarás paz.

Ojalá que en adelante quieras comenzar y terminar el día trazando en tu cuerpo la señal de la cruz, haciendo memoria de que fuiste redimido, recordando quién eres, de dónde vienes y a dónde vas. Podrás también rezar un Padre nuestro celebrando que eres hijo de Dios y acogiendo la fuerza del Espíritu para vivir al estilo de Jesús.

En medio del ajetreo de la jornada te acordarás de mirar a la Virgen María con amor y ofrecerle un avemaría. Mientras lo hagas, pídele que te enseñe a unir tu energía con la del Espíritu Santo, como lo hizo ella, para que seas siempre transparencia de Cristo. Ojalá pronto formes el hábito de rezar el Rosario todos los días, escucharás como dichas a ti las palabras de la Virgen de Guadalupe a San Juan Diego: "Pon esto en tu corazón, mi pequeño hijo, no temas. ¿No estoy yo aquí que soy tu madre? ¿No te encuentras bajo mi sombra, a mi cobijo?"

Gran don de Dios será que aproveches cada momento para descubrir y gozar la presencia cercana de Cristo Resucitado que te envuelve y que te habita, bendecirlo, darle gracias, glorificarlo. A través de comuniones espirituales podrás avivar el deseo de recibir a Cristo Eucaristía, ir a visitarle en el Sagrario, meditar su palabra y así permanecer siempre junto al Buen Pastor que te conduce a fuentes tranquilas.

Al entrar y salir de casa y del trabajo tendrás ocasión de recordar que tienes un Ángel de la guarda que te protege y harás amistad con él.

Al concluir el día podrás contemplar junto a Dios la historia de tu jornada, mirándote como Dios te mira, preguntándote sobre el amor al prójimo y el anuncio del evangelio, dejando que el Alfarero te vaya modelando y te vaya haciendo más semejante a Cristo.

Si oras como Jesús, tu vida será un cielo anticipado y vivirás en paz.

Bibliografía

Catecismo de la Iglesia Católica.

Constituciones de Legión de Cristo, Roma 2014.

CORBON, J., *Liturgia fontal, misterio-celebración-vida*, Madrid, Palabra, 2009.

FURIOLI, A., *La oración*, México, El arca, 2012.

GUARDINI, R., *Introducción a la vida de oración*, Buenos Aires, San Pablo, 1976.

HERMANO LORENZO, *La práctica de la presencia de Dios*.

MARTÍNEZ, L. M., *El Espíritu Santo*, México, La Cruz, 2000.

ORÍGENES, *Sobre la oración*.

RATZINGER, JOSEPH, *La Eucaristía centro de la vida*, Valencia, Edicep, 2003.

SAN AGUSTÍN DE HIPONA, *Confesiones*.

SAN ALFONSO MARÍA DE LIGORIO, *Las glorias de María*.

SAN ALFONSO MARÍA DE LIGORIO, *Visitas al Santísimo Sacramento y a María Santísima*.

SAN JUAN DE LA CRUZ, *Cántico espiritual*.

SAN JUAN DE LA CRUZ, *Subida al Monte Carmelo*.

SAN JUAN PABLO II, *Tríptico Romano*, Barcelona, Llibres de Mirall, 2003.

SAN LUIS MARÍA GRIGNION DE MONTFORT, *Tratado de la verdadera devoción a la Santísima Virgen*.

SANTA TERESA DE JESÚS, *Camino de perfección*.

SANTA TERESA DE JESÚS, *El Castillo interior*.

SANTO TOMÁS DE AQUINO, *Suma teológica*.

SOR ISABEL DE LA TRINIDAD, *Obras completas*.

SPIDLÍK TOMÁS, *La Preghiera*.

TERTULIANO, *Sobre la oración*.

LA EDICIÓN, COMPOSICIÓN, DISEÑO E IMPRESIÓN DE ESTA OBRA FUERON
REALIZADOS BAJO LA SUPERVISIÓN DE UNIVERSIDAD ANÁHUAC MÉXICO
AV. UNIVERSIDAD ANÁHUAC 46, COL. LOMAS ANÁHUAC
HUIXQUILUCAN, EDO. DE MÉXICO, C.P. 52786
580030ABRIL2016